AF274585

Marketing

Enfoques, conceptos
y aplicaciones

Madrid, 2025

Cristina Gallego Gómez
Juan Antonio Márquez García

Marketing

Enfoques, conceptos y aplicaciones

Septiembre, 2025

Marketing: Enfoques, conceptos y aplicaciones
Cristina Gallego Gómez y Juan Antonio Márquez García

Todos los derechos reservados.
Cualquier forma de reproducción, distribución, comunicación pública
o transformación de esta obra solo puede ser realizada con la autorización
de sus titulares, salvo las excepciones previstas por la ley.

Diríjase a CEDRO (Centro Español de Derechos Reprográficos)
si necesita fotocopiar o escanear algún fragmento de esta obra
(www.cedro.org).

© 2025, ESIC EDITORIAL
Avda. de Valdenigriales, s/n
28223 Pozuelo de Alarcón (Madrid)
Tel.: 91 452 41 00
www.esic.edu/editorial
@EsicEditorial

ISBN: 978-84-1192-197-8
Depósito Legal: M-19542-2025

Diseño de cubierta: Zita Moreno Puig
Maquetación: Santiago Díez Escribano
Lectura: Myriam Mieres
Impresión: Gráficas Dehon

Una publicación de

Impreso en España – *Printed in Spain*

Este libro ha sido impreso con tinta ecológica y papel sostenible.

Índice

Introducción

El objetivo fundamental de este manual es proporcionar una visión introductoria y actual que represente los principios del marketing de forma global.

Su fundamento es que sirva de guía a todos aquellos estudiantes que comienzan a adentrarse en la disciplina con el fin de que conozcan toda la amplitud que abarca esta área en el mundo empresarial.

El texto se divide en nueve capítulos y todos ellos hacen referencia a aspectos teóricos. La estructura es sencilla. Cada capítulo tiene una extensión mínima de cuatro acápites, que proporcionan una visión global y donde se profundiza en conceptos básicos que abarcan desde el marketing analítico al estratégico, se alude al marketing operacional, y los últimos capítulos se enfocan en el marketing digital y responsable.

El capítulo 1 se dedica a analizar la relación existente entre el marketing y la empresa. Se explica su evolución y los tipos de marketing existentes. El fin es que el alumno comprenda la inmensidad de la disciplina y que no es algo nuevo, sino el producto de décadas de progreso de la mano de grandes estudiosos y respaldado por asociaciones que actualmente continúan vigentes.

El capítulo 2 presenta cómo se produce y almacena la información de marketing en la empresa. La investigación de mercados es básica para la toma de decisiones empresariales, ya que a través de sus técnicas se detecta la información que permite identificar las necesidades del cliente. El objetivo de este capítulo es que los alumnos entiendan qué es un sistema de información en marketing (SIM) y conozcan que la información se obtiene a través de un método científico, donde la propia investigación es una disciplina regulada por asociaciones profesionales que garantizan la continuidad del área.

Después de hablar sobre información, el capítulo 3 se centra en las herramientas estratégicas existentes para crear valor para los clientes. Las empresas se enfrentan a una competencia fuerte en su sector y es necesario conocer los mecanismos disponibles por parte de la dirección estratégica para poder constituir acciones personalizadas a la situación que tiene la organización en ese momento.

El capítulo 4 se centra en la evolución de las necesidades del cliente, deteniéndose en el comportamiento de los clientes digitales y sus motivaciones de compra. Además, se amplía la visión mediante el uso de técnicas de neuromarketing que ayudan a conocer la parte consciente y no consciente del cliente.

El capítulo 5 se centra en la promesa que hace la marca al consumidor. Se profundiza en el proceso de creación y en estrategias que permiten ser más eficientes a nivel local y global, y se dan pinceladas sobre la importancia de ejercer la responsabilidad por parte de las marcas.

El capítulo 6 ofrece una visión completa sobre el área de ventas y su relación con el marketing. Se determinan los roles del director de ventas y se ofrecen las pautas para una captación efectiva. Por último, se incluye el proceso postventa como parte del ciclo de ventas. El objetivo es que los alumnos conozcan la relación entre el área de ventas y marketing y los puntos de colaboración para determinar una estrategia efectiva en la viabilidad empresarial.

El capítulo 7 presenta las partes de las cuales se compone un plan de marketing. Se explican las diferencias entre planes estratégicos y operativos, y tiene por objetivo que los alumnos aprendan a plantear su propio plan de marketing y conozcan su utilidad para la empresa.

El capítulo 8 ofrece una visión sobre los principales conceptos del marketing digital actual. Adicionalmente ofrece las tendencias más relevantes en marketing.

El capítulo 9 resalta la importancia de integrar la responsabilidad social corporativa con el marketing responsable, destacando que las empresas deben alinear sus valores con prácticas éticas y sostenibles para fortalecer la confianza y la diferenciación en el mercado.

Por último, se presenta toda la bibliografía empleada para elaborar este manual. Se recomienda al alumno profundizar, si tiene interés en algún tema concreto, en la bibliografía utilizada, pues en ella podrá encontrar información en detalle.

Capítulo 1

Introducción al marketing empresarial

Las empresas son organizaciones que tienen la finalidad de sobrevivir en los mercados gracias al aporte de valor que proporcionan a sus clientes. Nuestra sociedad está basada en un tejido empresarial que abarca tanto las multinacionales como las pymes (pequeñas y medianas empresas), que permiten el desarrollo social y económico del país.

Las empresas proporcionan empleo, competitividad, innovación o nuevos recursos y promueven el uso y la transformación de los existentes, entre otras tareas. Para ello, se reinventan cada día y mientras unas nacen como respuesta al mercado, otras desaparecen por no adaptar su modelo a los nuevos tiempos.

Esto se detecta en el estudio de compañías de nueva creación. Por ejemplo, en el sector del automóvil se han implantado políticas de energía sostenible, como hace Tesla. También se conocen ejemplos de modelos de negocio en desuso como es el caso de Kodak, marca de fotografía que quedó desplazada por la integración de cámaras de fotos en nuestros móviles. En definitiva, todas ellas son empresas desarrolladas en distintos momentos de la historia.

Precisamente, el entorno competitivo es el que promueve este tipo de cambios en la supervivencia de las compañías. La teoría darwiniana de las organizaciones defiende que, al igual que los seres vivos que mayor capacidad de adaptación demuestran son los que sobreviven, a las empresas les sucede lo mismo. Deben estar preparadas para afrontar los cambios que puedan suceder y, a la vez, deben mostrar una predisposición para transformarse si quieren continuar creciendo. En caso de no adaptarse, morirán.

Sin embargo, llegar a un equilibrio que les permita adaptarse de forma constante no es una tarea sencilla, ya que se desarrollan en un entorno altamente competitivo y muy cambiante. Actualmente, nos encontramos en entornos VUCA (siglas en inglés). Esto se acrecienta más desde que la pandemia de covid irrumpió en nuestras vidas, obligándonos a adaptarnos a una nueva realidad aún más conectada y generando nuevos patrones de comportamiento que provocaron y aceleraron cambios disruptivos en los modelos de negocio tradicionales. Los entornos VUCA cuentan con las siguientes características que los definen:

- Volatilidad (*volatility*): Se refiere a la velocidad a la que se producen una gran cantidad de cambios.

- Incertidumbre (*uncertainty*): Se refiere a la capacidad limitada de predecir lo que puede pasar en el futuro.

- Complejidad (*complexity*): Se trata de la dificultad para comprender el contexto debido al rápido cambio de las necesidades.

- Ambigüedad (*ambiguity*): Se refiere a la falta de claridad para entender el entorno, lo cual genera incertidumbre.

Añadido al entorno, que es donde se desarrollan las empresas, estas tienen a los clientes como principal activo (Drucker, 2012).

Los clientes son difíciles de conseguir, ya que encuentran muchas opciones de respuesta ante una necesidad. Estos están influenciados por la publicidad, la cual aporta mucha información por distintos medios y canales, y cada vez existe una mayor distribución de contenido debido a la guerra por conseguir clientes. Todas estas variables suponen que cada vez sea más complicado que nuestros clientes potenciales, o *leads*, se fijen en nosotros como organización.

Por ello, las empresas luchan por diferenciarse de forma constante. Para lograrlo, deben innovar sobre nuevos servicios, dirigirse a nuevos clientes e integrar las nuevas tecnologías para conseguir un mayor alcance. Sin embargo, estos tres ejes, en los que se basa la actividad empresarial, requieren innovación, visión y un gran conocimiento del mercado para mantener su competitividad. A continuación, la Figura 1 muestra los principales ejes de la actividad empresarial: la empresa debe trabajar en su presente y, en paralelo, en su futuro para mantener su supervivencia en el mercado.

Figura 1.1. Ejes de la actividad empresarial

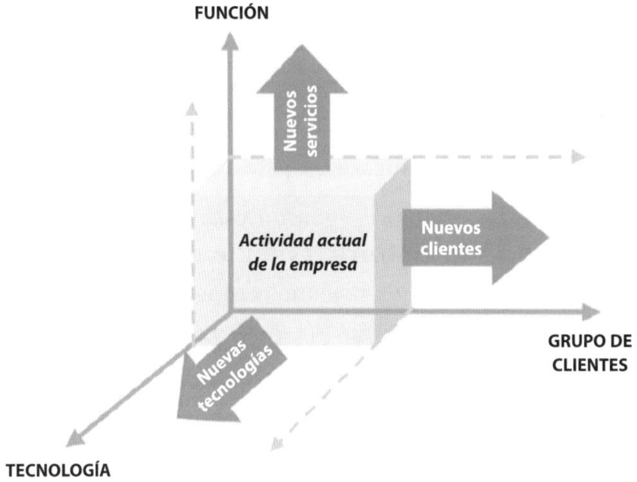

Fuente: Sánchez (2008).

Además, toda empresa debe tener clara su razón de ser y cuál es su razón de existir. Y los ejes de la actividad empresarial deben estar en sintonía con la visión, la misión y los valores empresariales. Definir estos tres factores es esencial para poder desarrollar la empresa de forma consolidada. A partir de estas premisas se podrán diseñar las estrategias empresariales y los futuros departamentos que ayudarán a la consecución de la visión de la compañía, promoviendo acciones basadas en los valores organizacionales.

- Visión: Definir la situación futura que desea alcanzar la compañía. ¿Cómo quiero que esté la empresa dentro de 10 años? Según esta aspiración, se plantean las acciones para alcanzar la visión.

- Misión: Definir el camino tácito que seguir para alcanzar la visión.

- Valores: Definir las creencias y pautas de comportamiento con las que deben identificarse los miembros que forman la organización.

1.1. ¿Qué es el marketing?

El término *marketing* a menudo es confuso, ya que es amplio y poco preciso. Es decir, de forma común, se confunde con la publicidad, la comercialización o el propio mercado. La traducción al castellano de este término es «mercadeo» para referirse a esta disciplina.

Cierto es que está asociado y guarda relación con todos los términos mencionados; sin embargo, es un término más concreto de lo que se puede imaginar. Sus orígenes como término se remontan a 1902.

En la Universidad de Michigan, el profesor Jones impartió un curso titulado *The distributive and regulative industries of the United States*, en cuyo folleto descriptivo se utiliza por primera vez el término *marketing* (Coca, 2006).

No obstante, la necesidad de intercambio surge mucho antes. Sin llamarlo «marketing», su origen como actividad nace en EE. UU. como consecuencia de una sobreproducción de patatas (Camino & López-Rúa, 2012). Debido a un alto *stock*, los empresarios de la zona se preguntaban qué hacer con su producto. La solución a la que llegaron fue venderlo en otros mercados donde los compradores sí estaban interesados en adquirir dicho producto; por tanto, se fueron a la búsqueda de nuevos clientes. Se afirma que la solución a este problema supuso los inicios del marketing moderno. Pese a ello, el marketing estaba considerado una rama de la disciplina económica, ya que el único pensamiento que se concebía entonces era que solo se debía producir aquello que se tenía la certeza de que se iba a vender.

Desde aquel momento, la evolución del término ha sufrido numerosos cambios. La *American Marketing Association* (AMA), que es la comunidad de referencia para los especialistas en marketing (https://www.ama.org/), trabaja desde 2017 con la siguiente definición: «El marketing es la actividad, el conjunto de instituciones y los procesos para crear, comunicar, entregar e intercambiar ofertas que tienen valor para los clientes, los socios y la sociedad en general. (Aprobado 2017)».

El valor es la diferencia entre los beneficios que espera recibir del consumidor y el coste total que debe invertir para fabricar el producto/servicio.

Sin embargo, cuando se habla de beneficios, no son necesariamente económicos. Existe una diferencia básica entre el valor y el precio. Mientras que el precio es la cantidad que un cliente está dispuesto a pagar por un producto, el valor va más allá y forma parte de la gestión de los recursos intangibles. Es decir, el valor es distinto para cada consumidor y difícil de cuantificar, al contrario de lo que sucede con el precio.

Veamos un ejemplo para conocer las diferencias.

SUPUESTO

Un cliente entra a una tienda a comprar unos zapatos que ha visto en el escaparate y que son perfectos para un evento que tiene este verano. Sin embargo, el precio es mayor de lo que puede permitirse, ya que son zapatos de piel fabricados de forma artesanal y diseñados por una persona reputada del sector.

Pasados unos meses, en las rebajas de verano, el cliente localiza de nuevo los zapatos con un precio inferior, concretamente un 60% de descuento sobre el precio inicial.

El cliente no duda en comprarlos a este nuevo precio. Sin embargo, si hubieran contado con una rebaja del 30% también los hubiera comprado, ya que tiene la percepción de que se lleva un producto que tiene más valor que el precio solicitado.

Por tanto, se siente muy satisfecho/a con la compra realizada, ya que el precio no representa el valor que estaba dispuesto a pagar por esos zapatos.

El cliente es, según Drucker (2012), el activo más valioso de cualquier organización, ya que los clientes son la razón de ser de las empresas. Sin ellos no sería rentable y, por tanto, sería imposible mantener una organización.

Drucker también hace hincapié en la importancia de los «no clientes». No hay que olvidar que las empresas, en proporción, tienen mayor número de «no clientes» que de «clientes»; por tanto, los esfuerzos no deben centrarse únicamente en los clientes reales, sino que también deben hacerse para los clientes potenciales (*leads*). Un cliente potencial se define como aquel posible cliente que se identifica con mi actividad empresarial, pero que hasta el momento no ha cerrado ninguna compra, aunque en la mayoría de los casos ha mostrado interés.

La definición también hace referencia a los *stakeholders*: se definen como aquellos grupos de interés que tienen relación con nuestra empresa, bien porque forman parte de ella como dueños, proveedores, empleados, o bien porque tienen interés en nuestros productos/ servicios.

Los Gobiernos también pueden ser posibles *stakeholders*, debido al fomento del empleo gracias a la actividad empresarial. Por tanto, comprende todo aquel que tenga una relación con la organización de forma directa siendo parte de ella o de forma indirecta beneficiándose de su actividad. Es decir, abarca todo aquel que sea partícipe de la consecución de los objetivos de la empresa (Freeman, 1984). No obstante, además de directos e indirectos, se pueden agrupar por áreas:

- Grupos mercado de capitales (accionistas, inversores, prestamistas).
- Grupos mercado de productos (clientes, proveedores, comunidades, sindicatos).
- Grupos organizativos (empleados, directivos).

1.2. Evolución del marketing

El marketing está ligado a la empresa, ya que se basa en aumentar, mediante prácticas concretas, el consumo y la demanda de productos y servicios. Este es uno de los fines empresariales más frecuentes, por lo que la relación entre el marketing y la empresa es innegable. Dicho fin no se concibe fuera de las organizaciones.

Las empresas son unidades de organización dedicadas a actividades industriales, mercantiles o de prestación de servicios con fines lucrativos (RAE, 2022). Sin embargo, el marketing como dimensión alimenta este concepto básico, generando valor a las compañías para conseguir que las relaciones con sus grupos de interés sean duraderas y así establecer relaciones a largo plazo que redundarán en el bien del negocio.

Si las empresas solo se basan en conseguir beneficio, su visión estaría centrada a corto plazo, lo cual se consideraría un error estratégico. Las empresas deben perdurar en el tiempo, y ese será el mejor síntoma para afirmar que siguen siendo rentables como compañías y, por ende, que están haciendo las cosas bien.

Por tanto, el marketing, surge como consecuencia de una evolución de la actividad empresarial que se extiende a lo largo del siglo XX. Entre estos antecedentes, destaca la Revolución Industrial del siglo XIX, que trajo consigo un incremento de la capacidad productiva y la consiguiente expansión del comercio para dar salida al mayor volumen de productos que la industria generaba (García, 2008). Era la época de la teoría de la producción y la división del trabajo que se daba en las fábricas.

En Estados Unidos, empezaron a aparecer los primeros institutos de investigación en el siglo XX. Su misión se basaba en recabar información sobre los consumidores y mejorar así las ofertas comerciales (García, 2008). En esa misma etapa surgieron las primeras asociaciones profesionales de marketing, que impulsaron la disciplina y, a día de hoy, lo siguen haciendo desde el mundo académico.

Precisamente, desde el ámbito académico, el catedrático Philip Kotler, está considerado uno de los mayores expertos mundiales en marketing y es autor de decenas de libros sobre la materia. Establece las orientaciones del marketing y cómo ha ido evolucionando a lo largo del tiempo hasta nuestros días. Kotler afirma que actualmente nos encontramos en el marketing para la humanidad, concretamente el marketing 5.0.

Para llegar hasta aquí, el marketing ha pasado por diferentes fases a lo largo de su historia, que se pueden resumir en el siguiente esquema:

Figura 1.2. Evolución del marketing

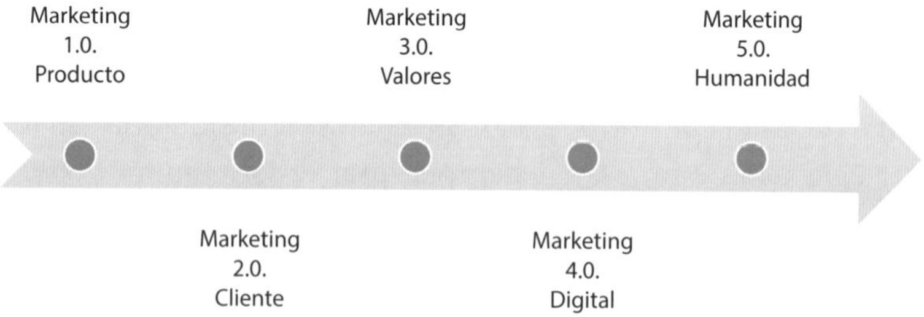

Marketing 1.0. Producto

Marketing 3.0. Valores

Marketing 5.0. Humanidad

Marketing 2.0. Cliente

Marketing 4.0. Digital

Fuente: Elaboración propia.

Todas las etapas mencionadas centran el marketing en una perspectiva concreta: la demandada en cada momento del tiempo en las que se han desarrollado. Frente a un cambio de era, el marketing se ha reformulado para estar al servicio del cliente. A continuación, se detalla en qué se centra cada una de las etapas:

- *Marketing orientado a producto 1.0.* Los empresarios confiaban en la calidad de sus productos como principal atractivo de compra. Nada importaba los envases ni el propio cliente, pues la información era unidireccional. La materia prima era lo fundamental, ya que surge en una época donde la producción en estaba en alza debido al auge de la industria.

- *Marketing orientado a clientes 2.0.* Las tecnologías de la información y la comunicación (TIC) marcan un nuevo ciclo. Gracias a ellas, el consumidor está mucho más informado de productos similares, precios y todos los factores relacionados con su compra. Se establece una relación bilateral entre marca y consumidores, donde las empresas deben poner todos sus esfuerzos en la satisfacción de los clientes; por ello, la segmentación para una atención optima es lo más importante.

- *Marketing centrado en el ser humano 3.0.* En 2009, nace una nueva concepción del marketing, dejando atrás la satisfacción únicamente funcional del producto para demandar un impacto social en los productos. Y este cambio se produce debido a que se observa que los jóvenes están más preocupados por el medio ambiente y la parte social.

  Se afirma que es la última etapa del marketing tradicional, ya que su evolución hasta este momento cubre la parte intelectual (marketing 1.0), la parte emocional (marketing 2.0) y da paso a la parte más espiritual, orientada a los valores que demanda el cliente a una marca (marketing 3.0); por tanto, se llegaría a un nivel de equilibrio entre las motivaciones de los clientes.

- *Marketing digital 4.0.* Alrededor de 2016, se demanda una estrategia *omnicanal*, resultado de un nuevo marketing digital, para atender a los consumidores en puntos físicos y digitales de la misma manera. Todo este cambio viene marcado no solo por el avance de la digitalización en los modelos de negocio tradicionales, sino por el auge de la industria 4.0.

- *Marketing para la humanidad, 5.0.* Nace por el avance de la tecnología. En el marketing 4.0 no se concebía la inteligencia artificial, la robótica ni el Internet de las cosas (IoT), entre otras nuevas formas de aplicación de la tecnología, debido a que el espacio digital estaba concebido desde un espacio multicanal de atención al cliente, y el uso de estas tecnologías, que en su mayoría se basan en sensores, se estimaba lejano en el tiempo.

Sin embargo, a raíz de la pandemia de covid-19, la transformación digital se apresuró y el desarrollo de la tecnología se hizo más latente con el uso de videoconferencias, realidad aumentada y realidad virtual.

Adicionalmente, la aplicación de la tecnología a los procesos empresariales y su desarrollo impacta positivamente sobre la sostenibilidad de los países. Es el momento de su expansión, debido a la urgente necesidad de cumplir con los Objetivos de Desarrollo Sostenible (ODS), previstos en la Agenda 2030 promulgada por la Organización de Naciones Unidas (ONU), donde los principales líderes mundiales se comprometieron a su consecución en 2015 para tener un mundo más igualitario y con un mayor bienestar social y medioambiental.

Figura 1.3. Disciplinas del marketing 5.0

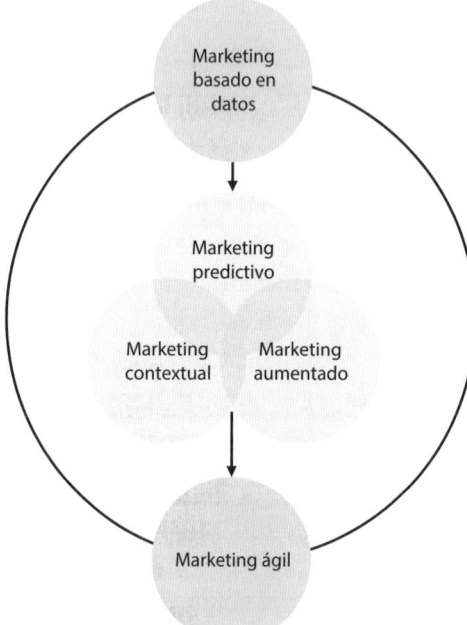

Fuente: Kotler, P., Kartajaya, H. & Setiawan, I. (2021).

Kotler (2021) afirma que el marketing 5.0 se basa en dos disciplinas que marcarán el futuro del marketing: el marketing basado en datos y el marketing ágil. Sostiene que: «Toda decisión debe tomarse con suficientes datos a mano», y esto es el principal principio del marketing basado en datos.

Por otro lado, las organizaciones cada vez deben moverse más rápido, aligerando la burocracia, ya que el entorno no permite descanso. Por tanto, el marketing debe ser flexible y adaptado a esta realidad, un marketing ágil.

La combinación del marketing basado en datos más el marketing ágil es el marco para desarrollar las disciplinas que marcarán las próximas décadas: el marketing predictivo, el marketing contextual y el marketing aumentado.

- *Marketing predictivo.* El marketing predictivo se basa en el estudio del comportamiento del cliente para analizar sus preferencias, gustos y hábitos, de tal manera que a través de estos datos se puedan inferir comportamientos futuros. Dichos patrones en ocasiones son muy sutiles, ya que pueden ser dinámicos y responden a modelos predictivos que son realizados por estadísticos o científicos de datos en su elaboración.

> **CASO NETFLIX**
>
> Esta plataforma nos recomienda las series que coinciden con nuestros gustos y preferencias; incluso nos ofrece el porcentaje de coincidencia, basado en anteriores series o películas similares visionadas. Cuenta con un algoritmo que utiliza nuestro histórico para ofrecernos recomendaciones afines. De esta manera, Netflix puede analizar las preferencias de su público para orientar las producciones propias y el contenido en su plataforma.

- *Marketing contextual.* El marketing contextual o *context marketing* trabaja en *real time* para dar el mensaje apropiado a la persona adecuada en el momento y lugar correcto. Se basa en un alto grado de personalización que hace que las campañas sean optimizadas, ya que llega a nuestro público en un contexto en el que existe predisposición. Por ello, decimos que llega en el momento adecuado, al llegar a la persona correcta y, por tanto, aumenta los niveles de conversión. El marketing contextual es posible gracias al *machine learning* y al *big data*. (Think with Google, 2020).

CASO INSTAGRAM

Imaginemos que hacemos una búsqueda en Google sobre marcas de vestidos de fiesta, consultamos sobre una página que parece que coincide con lo que buscamos y después de pasar unos minutos en su sitio web, decidimos abandonar la búsqueda. A las horas, consultando nuestro Instagram, nos sale un anuncio sobre la marca que hemos consultado con anterioridad. Esto nos recuerda que tenemos pendiente comprar nuestro vestido y a través de esta red social volvemos a la web para seguir mirando de forma virtual más modelos disponibles.

• *Marketing aumentado.* Los puntos físicos de contacto con el cliente no tienen por qué ser solo de esta manera. Hay lugares que se convierte en interactivos, ya que un asistente virtual es quien atiende al cliente que lo desee en el propio punto de venta. Los *chatbots*, los asistentes virtuales y la combinación con la atención humana muestran una productividad superior, y el cliente tiene en sus manos el poder elegir el aumentar su percepción de buena atención.

CASO SANITAS

Sus centros tienen habilitado a través de su aplicación móvil que el paciente informe de que «ha llegado». De esta manera se evitan esperas en la recepción y puede disponerse inmediatamente del número que le dará acceso a la consulta.

1.3. Tipos de marketing en la empresa y ámbitos de actuación

Una empresa se enfrenta a entornos cambiantes continuamente, por lo que debe aplicar estrategias que la ayuden a dar la mejor respuesta en el mejor momento a sus clientes.

En marketing, parece que todo responde a una estrategia, ya que lo utilizamos para «acompañar» la mayoría de las acciones que se hacen en los departamentos y sobre los elementos del *marketing mix*, afirmando que aplicamos estrategias en precios, en promoción, producto y plaza.

Primero de todo, vamos a definir qué se entiende por estrategia: *estrategia* proviene de la palabra griega *stratos* (ejército) *yag* (dirigir) y su origen se remonta al ámbito militar, como otros muchos términos que hoy se utilizan en las áreas de *management*. Se atribuye a Sun Tzu en el primer libro dedicado a la estrategia que conocemos: *El arte de la guerra*. Es cierto que este término, en su contexto original, busca guiar al equipo para aniquilar al enemigo. En el contexto de la empresa, se refiere a ser mejor que nuestra competencia para poder ganar las batallas que se libran en los mercados:

- *Marketing analítico.* En el primer momento, la empresa necesita realizar un análisis exhaustivo interno y externo para conocer la situación. En concreto estudiará los recursos y las capacidades con el fin de conocer los puntos fuertes y débiles.

- *Marketing estratégico.* El marketing estratégico realiza acciones enfocadas en el largo plazo que tienen influencia sobre los consumidores y aporta un valor a los clientes superior al de la competencia para la supervivencia de la empresa.

- *Marketing operativo.* El marketing operativo depende del marketing estratégico en su visión. Ambos deben ir alineados. Y se canaliza a través del plan de marketing, que es el documento que sirve como hoja de ruta para realizar acciones ligadas al *marketing mix*: precio, promoción, distribución y producto.

- *Marketing relacional.* El marketing relacional irrumpió en la década de los 90, donde los conceptos del marketing tradicional daban paso a establecer relaciones duraderas con los clientes.

A modo de resumen, se detallan las funciones que comprenden todos los grandes tipos de marketing.

Figura 1.4. Funciones del marketing

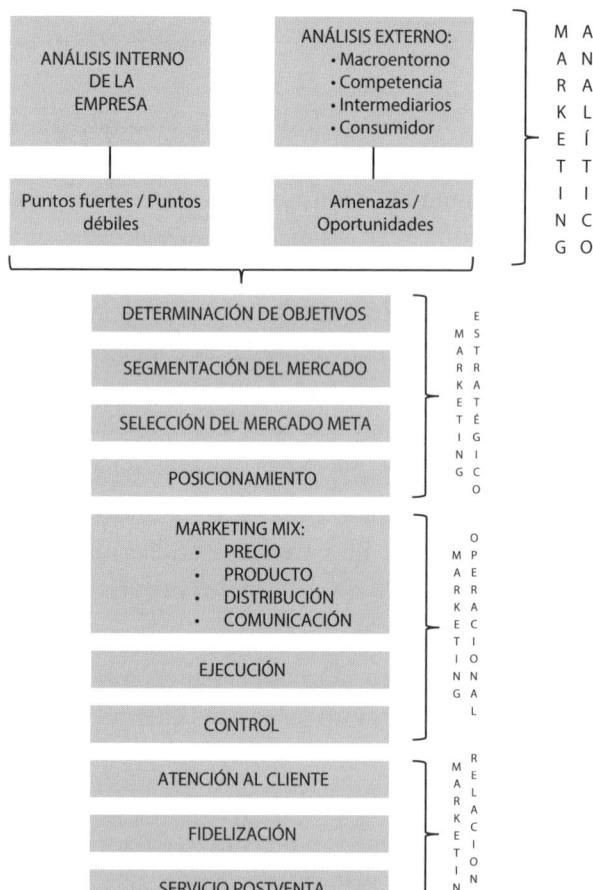

Fuente: Elaboración propia, a partir de Ferrer (2012).

Parece obvio que este tipo de marketing no se aplica a los clientes que no realizan compras recurrentes o que tienen poco margen en sus operaciones, ya que se centra en crear, fortalecer y mantener las relaciones, buscando el mayor número de ingresos. Esta nueva concepción marca el paso del marketing centrado en el producto al marketing centrado en el cliente.

Para maximizar estos objetivos, el marketing cuenta con sistemas tecnológicos que acompañan en este proceso de captación, *engagement* y fidelización: son los llamados sistemas CRM (*customer relationship management*), los cuales permiten realizar una gestión más eficaz de los clientes potenciales y reales.

A lo largo de los años, el marketing se ha adaptado a las necesidades del momento y han surgido muchos tipos de marketing específicos. Veremos los más relevantes:

- *Marketing digital.* El marketing digital trata de aplicar las técnicas y fines del marketing al entorno digital. El reto es grande y, además de adaptarse, necesita que los usuarios se sientan únicos cuando este tipo de acciones están dirigidas a una gran masa. Para su fidelización, se apoya de las siguientes disciplinas:

  - *Marketing de atracción* o *inbound marketing.* Se utiliza para atraer a su público objetivo de forma que sea el consumidor el que accede a la marca de manera proactiva. Ya que los usuarios se sienten atraídos por la información que aporta la marca mediante el uso del *content marketing* o *branded content*, son unos auténticos *brand-lovers*.

  - *Marketing de retención.* Intenta enamorar al cliente para conservarlo mediante estrategias basadas en el contenido y en el buen uso de sus bases de datos para así generar *engagement*.

  - *Marketing de recomendación.* Las redes sociales han posibilitado que la recomendación sea una herramienta básica para la captación de nuevos clientes, por lo que las marcas quieren potenciar el boca-oreja para así ganar clientes.

- *Marketing de influencers.* En los últimos tiempos, se han establecido dentro del marketing digital acciones que potencian que los clientes tengan mayor cercanía a la marca gracias a los *influencers*. San Miguel (2020) define esta nueva tendencia como

  > la ciencia de involucrar a diferentes perfiles de líderes de opinión y consumidores influyentes a favor de una empresa o institución, con el objetivo de fortalecer su imagen de marca e impulsar sus ventas, a través del contenido que comparten entre sus contactos y audiencias.

- *Marketing experiencial.* La experiencia de cliente (*customer experience*) realiza todas las acciones de marketing poniendo al cliente en centro e intenta ofrecer experiencias, en todos los puntos de contacto entre marca-cliente / producto-cliente, que sean memorables. A través del control y la construcción de experiencias positivas, se intenta que el consumidor sea recurrente en su compra, tenga una percepción de valor superior a otras marcas y esté dispuesto a pagar un mayor precio. Para maximizar sus resultados, se apoya en disciplinas como el marketing sensorial.

  – *Marketing sensorial.* Las marcas despiertan la atención sobre nuestros sentidos, aunque nosotros no seamos conscientes de ello. Las marcas multisensoriales utilizan el uso de los colores, la música, el aroma o el neuromarketing para motivar a parte de nuestro cerebro y así impulsar la decisión de compra. Mercado (2019) apunta a las cuatro S del marketing sensorial como responsables de que se produzcan: sinestesia, sentimientos, sensaciones y subconsciente.

- *Marketing responsable.* Las empresas que adoptan nuevas formas de construir sus productos y servicios, teniendo en cuenta el impacto que provocan sobre la sociedad y el medioambiente, cambian sus procesos haciéndolos más respetuosos. Están adoptando acciones de responsabilidad social corporativa y, por tanto, su marca aumenta su valor en términos de reputación. Estas acciones no provocan un aumento de ingresos de forma directa, pero adquieren una mayor atención por parte de consumidores y clientes, y aumentan las percepciones positivas entre ellos.

En definitiva, hay tantos tipos como aplicaciones que requieren estrategias concretas para maximizar las acciones de intercambio con los clientes.

Los públicos a los cuales se dirigen las acciones del marketing son diversos y pueden cambiar. Los siguientes *stakeholders* están considerados relevantes en las acciones para dirigir el modelo de negocio:

- B2C (*business to consumer*) *de empresa a consumidor.* Las empresas definen estrategias para llegar a sus consumidores y acercarse a ellos para maximizar la venta de un producto/servicio, ya que existe un número de consumidores relevantes a quienes les puede interesar.

- B2B (*business to business*) *de empresa a empresa.* Las empresas definen estrategias para llegar a otras empresas y establecen transacciones empresa-empresa sin tener en cuenta al consumidor final.

- B2E (*business to employees*) *de empresa a empleados.* No tiene un fin comercial como tal, sino que se contabiliza en términos de productividad. Ser más productivo implica producir más gastando menos recursos; por tanto, se puede reducir tiempo, esfuerzo y dinero. Y, precisamente, es lo que buscan las empresas usando plataformas *online* que permitan el intercambio con sus empleados.

Las acciones de marketing se enmarcan dentro de las empresas. Sin embargo, la concepción inicial del marketing se basa en el intercambio. El intercambio no tiene por qué estar asociado a productos tangibles; en muchas ocasiones llegamos a acuerdos y las recompensas no lo son. No debemos olvidar que el marketing trabaja en ambos ámbitos: para los tangibles (productos) y para los intangibles (servicios, confianza, marcas…). La gestión de los intangibles es más costosa de manejar/medir y son los aspectos que nos permiten diferenciarnos, pues es difícil su reproducción por parte de la competencia.

1.4. La importancia del análisis del entorno en marketing

El marketing analítico se basa en el conocimiento de la situación de la empresa. Para ello, hay que conocer la situación interna y externa.

El análisis PESTEL tiene por objetivo conocer las circunstancias externas que rodean a la empresa. Ayuda a diferenciarnos de la competencia y a mantener la ventaja competitiva al analizar los factores que pueden afectar al desempeño de una empresa. Estos factores son los siguientes:

- *Político.* Para determinar los factores políticos, es importante hacerse preguntas del tipo: ¿cuál es la situación política del país y cómo puede afectar a la industria? Los índices de desigualdad, de pobreza o las políticas que afectan al desarrollo del país son elementos que deben tenerse en cuenta.

- *Económico.* Para determinar los factores económicos, es importante hacerse preguntas del tipo: ¿cuáles son los factores económicos predominantes? La tasa de inflación, el nivel de endeudamiento o la situación de la economía de la región/país son elementos que deben tenerse en cuenta.

- *Social.* Para determinar los factores sociales, es importante hacerse preguntas del tipo: ¿qué pasa con los aspectos demográficos de una zona (esperanza de vida, estructura de la pirámide por edad de la población, movimientos migratorios (internos y externos), qué valores sociales predominan en dicha sociedad, los estilos de vida, costumbres predominantes, qué nivel de formación observamos, qué ocurre con el mercado de trabajo (tasa de ocupación, tasa de desempleo, etc.).

- *Tecnológico.* Para determinar los factores tecnológicos, es importante hacerse preguntas del tipo: ¿qué innovaciones tecnológicas pueden aparecer y afectar a la estructura del mercado? La frecuencia de compra de dispositivos tecnológicos, el acceso a Internet o el grado de alfabetización digital de un país son elementos que deben tenerse en cuenta.

- *Ecológico.* Para determinar los factores ecológicos, es importante hacerse preguntas del tipo: ¿cuáles son las preocupaciones ambientales para la industria? El cambio climático, el impacto en la obtención de las materias primas, la contaminación o los desastres medioambientales son elementos que deben tenerse en cuenta.

- *Legal.* Para determinar los factores legales, es importante hacerse preguntas del tipo: ¿existen legislaciones vigentes que regulen la industria o puede haber algún cambio en esta normativa? Las propias leyes que afectan al país y la manera en la que el Estado interviene en la generación de los negocios son elementos que deben tenerse en cuenta.

En ocasiones, se simplifica y se habla de PEST. Sin embargo, no conviene olvidar los factores ecológicos y legales, ya que cualquier cambio en la regulación puede obligar a cambiar el modelo de negocio.

La idea es que el análisis sea descriptivo en todos los aspectos que contiene, pero solo estará realizado de forma correcta si nos centramos en cómo afectan estos factores al entorno donde se desarrolla el negocio. No es válido describir situaciones que nada tienen que ver con nuestro negocio, ya que no tendrán impacto y serán irrelevantes para el análisis.

Otra de las herramientas que la empresa utiliza para diagnosticar la situación es el análisis DAFO. La matriz DAFO, también conocida como FODA o DOFA (las siglas en inglés son SWOT: *strengths, weaknesses, opportunities* y *threats*), ayuda a valorar la situación en la que se encuentra una empresa o un proyecto, minimizando errores en la toma de decisiones. Cuenta con una parte interna y otra externa para aportar una visión completa del escenario actual.

En el escenario interno se estudian las debilidades y las fortalezas. Se deben identificar las debilidades para poder remediarlas y las fortalezas para poder impulsarlas. Ambos puntos se establecen sobre las áreas de producción de la empresa, el marketing y la parte financiera. La cultura organizacional y el trato en la selección de empleados y la remuneración como parte de la empresa pueden constituir una fuente de fidelización del empleado y ser potentes (o no) en cuanto al conocimiento que existe en la organización.

- *Debilidades*: Factores internos negativos.

- *Fortalezas*: Factores internos positivos.

En el escenario externo, se estudian las amenazas y las oportunidades. Se deben identificar las amenazas para poder combatirlas con antelación y las oportunidades para poder explotarlas a tiempo, detectando nuevas tendencias en el negocio. Ambos puntos, se establecen sobre el mercado, sector, competencia y entorno, y es necesario establecer un diagnóstico sobre todo ello para poder crear estrategias adaptadas. Adicionalmente, hay que realizar estudios minuciosos sobre proveedores, distribuidores, clientes y fabricantes para determinar nuestro posicionamiento en el mercado y conocer qué acciones podemos emprender para lograr un crecimiento sostenido.

- *Amenazas*: Factores externos que influyen de manera negativa en la empresa.

- *Oportunidades*: Factores externos que influyen de manera positiva en la empresa.

Aunque es una herramienta utilizada para la toma de decisiones por parte de cualquier directivo, en concreto los responsables de marketing utilizan el análisis DAFO para estudiar los puntos fuertes y débiles de la competencia. De esta manera pueden identificar cuáles son las fuentes de beneficios, el posicionamiento, la comercialización del producto/servicio o los costes, entre otros. Para realizar un análisis DAFO y que esté completo, no podemos olvidarnos de incluir a continuación la matriz CAME: mientras que el DAFO sirve para conocer la situación en la que se encuentra la empresa, la matriz CAME nos ayuda a establecer acciones sobre lo detectado anteriormente para poder definir estrategias futuras. Realizar ambos diagnósticos es recomendable para saber qué estrategia debemos llevar a cabo.

CAME se basa en los siguientes principios:

- Corregir las debilidades.

- Afrontar las amenazas.

- Mantener las fortalezas.

- Explotar nuevas oportunidades.

Todo ello con el fin de establecer las siguientes estrategias:

- *Estrategia defensiva.* Se centra en trabajar las fortalezas para ser fuertes ante las posibles amenazas identificadas. Se orienta a empresas muy asentadas en el sector que llevan muchos años con el mismo modelo.

- *Estrategia ofensiva.* Se centra en destacar las fortalezas y buscar nuevas oportunidades que permitan un mayor crecimiento y un mejor crecimiento en el mercado.

- *Estrategia de reorientación.* Se centra en las oportunidades que ofrece el mercado para diversificar su modelo o cambiarlo directamente por completo en caso de no poder hacer frente a las debilidades. En ocasiones, por los cambios en las tendencias y la demanda en los consumidores, es la única estrategia que garantiza la supervivencia.

- *Estrategia de supervivencia.* Se centra en detectar las debilidades para que no crezcan ante las posibles amenazas y se acentúen aún más. En ese caso, gestionar amenazas y debilidades de forma conjunta haría que el riesgo fuera mayor.

En resumen, el siguiente cuadro establece la relación entre el análisis CAME y las estrategias a tomar.

Tabla 1.1. Matriz CAME

Corregir las debilidades	Estrategia de supervivencia
Afrontar las amenazas	Estrategia de reorientación
Mantener las fortalezas	Estrategia ofensiva
Explotar nuevas oportunidades	Estrategia defensiva

Fuente: Elaboración propia (2022).

Capítulo 2

Análisis de la información procedente de la investigación de mercados

L as empresas necesitan tomar decisiones de forma constante: sobre su modelo de negocio, sobre cómo van a comunicar, qué precio van a pedir, qué valor van a entregar... no solo a nivel corporativo, también a nivel de gerencias y de unidades. Todas estas decisiones afectan de forma directa a los implicados con la producción de la empresa: dueños, miembros y proveedores; y a los implicados indirectos: clientes, Gobiernos y sociedad en general. Por ello, el proceso de toma de decisiones debe tomarse con la mayor información posible.

La investigación, como instrumento de marketing, es un elemento esencial que permite conocer los problemas y las necesidades de los públicos.

En esta área, se denomina investigación comercial de forma indistinta a la investigación de mercados. Sin embargo, la investigación comercial tiene mayor amplitud y no se limita solo a los mercados.

La investigación comercial, según la *American Marketing Association* (1987), es como la función que enlaza al consumidor, el cliente y el público con los responsables de marketing a través de información utilizada para identificar y definir las oportunidades y los problemas de marketing, y que genera, redefine y evalúa las acciones del marketing y mejora la comprensión del marketing como proceso.

Como se observa la información comercial, pretende obtener la información para la toma de decisiones en el ámbito comercial, incluyendo los problemas del producto. Sin embargo, la investigación de mercado únicamente se centra en los problemas del mercado y no tanto del marketing general. Por tanto, *a priori*, la investigación comercial es más amplia que la investigación de mercados, aunque en la mayoría de los sitios se trata de forma indistinta aunque no sea exactamente lo mismo.

La investigación de mercados, según la *American Marketing Association* (2004), es la función que vincula al consumidor, al cliente y al público con el vendedor a través de la información: información utilizada para identificar y definir oportunidades y problemas de mercadeo; generar, refinar y evaluar acciones de marketing; monitorear el desempeño del marketing y mejorar la comprensión de la comercialización como un proceso. La investigación de marketing especifica la información necesaria para abordar estas cuestiones: diseña el método para recolectar información, administra e implementa el proceso de recopilación de datos, analiza los resultados y comunica los hallazgos y sus implicaciones.

El objetivo es adquirir datos y procesarlos para detectar oportunidades y amenazas del micro y macroentorno para guiar la planificación de decisiones, la implementación y los procesos de control.

Sin embargo, la investigación de mercados cuenta con unas características específicas que la definen y son las siguientes:

- Es un método sistemático, ya que utiliza el método científico en su elaboración.

- Es objetivo, ya que la imparcialidad, la homogeneidad y la unicidad es la base para llegar a resultados y conclusiones reales con el menor sesgo posible.

- Es de carácter informativo, ya que favorece la toma de decisiones y une a la empresa con el mercado.

- Está orientada a la toma de decisiones, de tal manera que se contribuya mediante el uso adecuado de la información a reducir riesgos empresariales.

Este método de investigación permite analizar tanto variables no controlables por la empresa (entorno político, social y económico con el fin de establecer un análisis de su evolución y repercusiones), como variables controlables por la empresa (mercados, productos y envases, precios, distribución, comunicación con el fin de establecer un conocimiento de cómo se está llevando a cabo y cómo se podría mejorar).

2.1. La investigación comercial en la organización: el sistema de información en marketing

La teoría general de sistemas, define un sistema de información (SI) como «un conjunto de recursos técnicos, humanos y económicos, interrelacionados dinámicamente, y organizados en torno al objetivo de satisfacer las necesidades de información de una organización empresarial para la gestión y la correcta adopción de decisiones» (Pablos *et al.*, 2019).

Los mismos autores (Pablos *et al.*, 2019) definen los elementos que constituyen cualquier sistema de información:

- la información,
- las personas,
- los equipos de tratamiento de la información e interacción con los usuarios,
- las normas técnicas de trabajo.

Figura 2.1. Proceso de la información empresarial básico

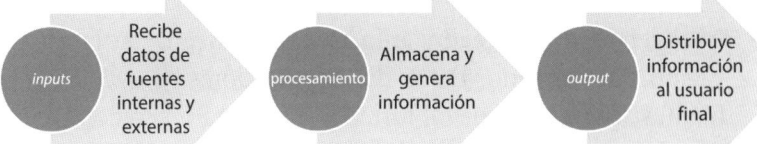

Fuente: Elaboración propia.

En la empresa, los sistemas de información suponen una conexión entre departamentos. Idealmente, la información está compartida entre las distintas unidades de negocio y no se forman islas de información que provocan una redundancia en almacenamiento, mayor procesamiento de datos al estar duplicados y mayor coste de gestión de mantenimiento de los sistemas.

La realidad es que la integración de todos los sistemas para construir un único sistema centralizado es una tarea ardua y muchas empresas están embarcadas en proyectos largos y costosos para lograr la unificación de sus sistemas para conseguir una mayor efectividad en sus procesos. Este objetivo suele ser el proyecto estrella en las compañías, sobre todo aquellas que llevan muchos años operando en el sector y cuentan con grandes volúmenes de información.

El área de marketing cuenta con sus propios sistemas de información, donde guardan datos propios del área: por ejemplo, información de clientes. Los sistemas propios se denominan sistemas de información de marketing (SIM).

Según Kotler (2000), un SIM es un conjunto de personas, equipos y procedimientos diseñados para recoger, clasificar, analizar, valorar y distribuir a tiempo la información demandada por los profesionales de marketing.

El SIM involucra cuatro subsistemas:

- Datos internos: Información interna sobre ventas, contabilidad financiera, inventarios, etc., que provienen de la propia actividad de la empresa.

- Inteligencia del mercado. Información derivada de la observación del mercado, datos de distribuidores, proveedores o fuentes secundarias de tal forma que se haga una recopilación de información del micro y macroentorno.

- Marketing científico/analítico. Estadística y econometría, aprendizaje automático, modelos estructurales aplicados a la construcción de modelos predictivos para la simulación y optimización de la decisión.

- Investigación de mercados. Pretende analizar problemas en escenarios específicos mediante técnicas cualitativas (*focus groups*, entrevistas en profundidad...) o cuantitativas (encuestas, experimentos...).

Estos sistemas que almacenan y procesan información, tienen por objetivo valorar las necesidades de información y su distribución a los grupos de interés para la óptima toma de decisiones por los directores de marketing. Con base en ello, pueden hacer el análisis de la situación, la planificación presente y establecer la futura gestión y control mediante métricas del AS IS (acciones en curso) mediante el estudio del entorno, publico objetivo, competencia, grupos de interés, y fuerzas de macroentorno. En la siguiente figura puede verse el proceso:

Figura 2.2. Sistema de información de marketing

Fuente: Esteban, Á. (2008).

2.2. La clasificación de la investigación de mercados

La investigación de mercados responde a una clasificación que determina la forma en la que se lleva a cabo:

- *Por el tipo de fuentes de información:* Recursos que sirven para satisfacer una necesidad de información. Se dividen en dos tipos:

  - *Fuentes de información primarias.* Son las que se recogen expresamente para la investigación que se está llevando a cabo. Pueden ser de dos tipos:

    - *Internas.* Se realiza para profundizar en algún aspecto interno de la empresa. Por ejemplo, la satisfacción de los empleados con el servicio de comedor.
    - *Externas.* Se hace para abordar algún aspecto que involucre a agentes externos a la empresa, pero con vínculo. Por ejemplo, la satisfacción de los consumidores respecto a un nuevo producto.

  - *Fuentes de información secundarias.* Son las que ya existen de manera organizada cuando se comienza un estudio.

    - *Internas.* Sirven para analizar algún aspecto interno de la empresa del cual ya existe información. Por ejemplo, el volumen de ventas por cada producto, correspondiente al ejercicio anterior.
    - Externas. Se usan para profundizar en algún aspecto que sea de interés para la empresa, ya que aporta información de utilidad para esta. Por ejemplo, un informe externo del estado de la situación macro de un país realizado por un organismo oficial. De hecho, hay fuentes externas muy destacadas, por ejemplo: universidades, fundaciones, INE, CIS, Gobiernos o empresas de reconocido prestigio, entre otras.

- *Según la naturaleza del problema,* se dividen en tres tipos:

  - *Investigación exploratoria:* Se refiere a la investigación que se realiza como primera aproximación y sirve como guía para seguir profundizando. Se utiliza cuando el problema de investigación no está muy claro y necesitamos profundizar para poder limitarlo. Las técnicas utilizadas para ello son cualitativas, ya que aportan mayor información para poder «seguir tirando del hilo» durante una observación, entrevista o sesión de *focus*. Ejemplo: Conocer la experiencia del cliente respecto al servicio postventa.

— *Investigación descriptiva:* Se refiere a la investigación que se realiza para dar respuesta al «qué sucede». Describe los hechos de forma detallada sin entrar a hacer valoraciones o aportes en forma de conclusión. El tipo de técnicas que utiliza son cuantitativas, ya que permiten describir desde la objetividad y efectuar mediciones. Ejemplo: Informe que describe la situación de desempleo existente en el año 2022.

— *Investigación causal:* Se refiere a la investigación que se realiza para establecer relaciones causa-efecto. En este caso, si se valora qué variables son objeto de estudio. El tipo de técnicas que utiliza son cuantitativas, ya que permiten experimentar si los resultados se alteran en el caso de que las variables independientes sufran alguna modificación. Ejemplo: Estudiar la relación entre el alto número de aprobados en tiempos de covid junto al factor de que los alumnos estuvieran confinados.

• *Según la manera de obtener información,* se dividen en dos grandes grupos:

— *Investigación cualitativa.* Sirve para obtener información en profundidad (niveles inconscientes): motivaciones, actitudes, creencias, opiniones…

  - No tiene representación estadística, por lo que no son concluyentes.
  - Debe garantizar representación tipológica.
  - Suelen ser la antesala de una investigación cuantitativa.
  - Pueden ser de aplicación individual o colectiva.

- Técnicas directas para medir la expresión verbal.

  - *Focus group.* El dinamizador selecciona un grupo de 6 a 10 personas para discutir sobre temas o factores concretos referentes a un problema de marketing como pudiera ser la elección de un *packaging* para un nuevo producto.
  - Entrevistas en profundidad. El entrevistador realiza una investigación previa, recopilando información sobre el tema en un ambiente distendido para plantear un problema de marketing y encontrar una solución en la conversación. Las entrevistas suelen ser de dos tipos: basadas en el problema y basadas en la persona.

- Técnicas indirectas para hallar percepciones y comentarios:

  - Técnicas proyectivas. Mediante estímulos verbales o gráficos, el investigador aplica una serie de dinámicas para que el usuario aporte sus opiniones. Un ejemplo es el test de frases incompletas. Se escriben oraciones y se pide al usuario que las complete.
  - Técnicas creativas. Mediante reuniones de grupo, el investigador aplica una serie de dinámicas para que el usuario aporte sus opiniones. Un ejemplo es el *brainstorming.* Se selecciona un grupo heterogéneo de usuarios y se hacen preguntas para que los asistentes puedan aportar soluciones.
  - Observación. Mediante la observación se puede obtener información sobre diferentes factores y realizar inferencias. Un ejemplo, es el *mistery shopping*, donde se simula un proceso de compra real para sacar conclusiones del proceso completo de compra: atención al cliente, producto, servicio postventa, etcétera.

- *Investigación cuantitativa.* A diferencias de las herramientas cualitativas, las cuantitativa se consideran técnicas concluyentes pues permiten sacar conclusiones claras y generalizables a una población más amplia. Las técnicas cuantitativas suelen ser la última fase de la investigación y permiten contrastar hipótesis.

  - Proceso estructurado y formal que se puede valer de investigaciones cualitativas previas.
  - Las técnicas cuantitativas son estadísticamente representativas. Los resultados se pueden extrapolar al resto de la población asumiendo un margen de error.
  - El análisis de datos requiere alta formación. Análisis univariable, bivariable, multivariante.
  - Las técnicas cuantitativas no permiten profundizar en los fenómenos estudiados (los porqués de las personas).

    - Transversales: Se recopila la información necesaria de una vez. Una única muestra.
    - Longitudinales: Se utiliza una muestra, pero se hacen mediciones reiteradas. Se analiza la evolución.

2.3. Proceso de la investigación de mercados y ámbito de aplicación

El proceso de investigación de mercados se divide normalmente en siete etapas para su elaboración. Cada una de las etapas implica especificar el método de investigación. A continuación, se especifican los pasos en detalle. Es importante no obviar ninguno de ellos y seguirlos de forma consecutiva.

- **Etapa 1. Identificación del problema.** Convertir el problema es un proyecto de investigación. Hay que precisar el propósito (qué y por qué) y cuál es el problema de investigación que justifica la investigación. En esta etapa se determinan qué objetivos se persiguen.

- **Etapa 2. Formular el diseño de investigación.** Fuentes de información (investigación preliminar), tipo de investigación (exploratoria o descriptiva), método de obtención y diseño muestral.

- **Etapa 3. Diseñar recogida de datos.** Trabajo de campo, supervisión, depuración, grabación, consistencia. Preparación de la información y plan de análisis (cuali y cuanti -univariante, bivariante y multivariante).

- **Etapa 4. Diseñar el plan de muestreo.** El plan de muestreo se basa en conocer a quién voy a preguntarle y de qué manera. Normalmente esto se refleja en la ficha técnica, la cual muestra a modo de resumen las características principales de la investigación realizada. Se deben especificar en ella los siguientes elementos:

  - *Población*. Se refiere al universo, conjunto o totalidad de elementos sobre los que se hacen estudios.

  - *Muestra*. Estudiar la población de forma completa es costoso en términos de tiempo y dinero, ya que se tendría que localizar el total de la población que cumple con el requisito. Imaginemos que queremos hacer un estudio sobre la frecuencia con que las personas beben Coca-Cola. Es imposible poder llegar a todos. Por ello, se seleccionan subconjuntos o parte de la población sobre la que se llevará a cabo la investigación. Debe ser representativa para poder extrapolar al conjunto, es decir, con muestras lo suficientemente grandes. Pero ¿cómo se determina el tamaño muestral óptimo? Existen dos fórmulas matemáticas:

    - Poblaciones inferiores a 100.000 elementos (no infinitas).
    - Poblaciones superiores a 100.000 elementos (infinitas).

Donde:

n: tamaño de la muestra.

E: margen de error admitido.

Z: desviación del valor medio aceptado para lograr el nivel de confianza.

Z	1,15	1,28	1,44	1,65	1,96	2,24	2,58
Nivel de confianza	75%	80%	85%	90%	95%	97,5%	99%

N: población.

P: proporción esperada. Normalmente, el 50%.

El nivel de confianza va a determinar que el valor poblacional se encuentra entre un determinado rango de valores. El nivel de confianza toma diferentes valores en función de la desviación. Se representa gráficamente en la siguiente imagen:

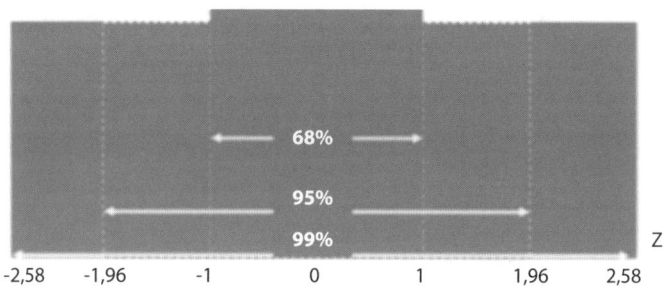

- *Error muestral:* Se refiere a la probabilidad de que algún factor pueda alterar el resultado. También existen errores no muestrales.

- *Técnica:* Se especifica de qué tipo es el estudio que se lleva a cabo (cuantitativo/cualitativo) y qué técnica aplican.

- *Tiempo de realización:* Determinar el tiempo de duración de cada una de las técnicas utilizadas.

Tipo de muestreo:

- *Probabilístico.* Todos los elementos de la muestra tienen la misma probabilidad de salir escogidos como elementos muestrales.

- *Muestreo aleatorio simple.* Se seleccionan las muestras mediante sorteo. Para colectivos pequeños y homogéneos. A partir de un marco muestral, se asignan números del 1 al n (n será el tamaño de la muestra) y se utiliza un generador de números aleatorios.

- *Muestreo sistemático.* Se divide la población en intervalos (del tamaño de la muestra deseada) y se genera un número aleatorio (X) menor o igual que el intervalo (K). Por último, se seleccionan los individuos de cada intervalo a partir del número generado.

- *Muestreo estratificado.* Se utiliza cuando la población es heterogénea. Se divide en estratos a partir de una variable clasificatoria y se eligen las unidades aleatoriamente para que todos los estratos estén representados. A su vez, este muestreo probabilístico, se divide en tres tipos:

  - Simple.
  - Proporcional.
  - Óptimo.

- *Muestreo por conglomerados.* Se identifica una característica que permite dividir a la población en grupos muy homogéneos entre sí o conglomerados.

– *No probabilístico.* Todos los elementos de la muestra no tienen la misma probabilidad de salir escogidos como elementos muestrales, puesto que los elige el investigador según le interese. Siempre desde la objetividad y la racionalidad.

  - *Muestreo de conveniencia.* Se selecciona una muestra de la población por el mero hecho de que sea accesible. No se realiza por criterios estadísticos.

  - *Muestreo según criterio.* Se selecciona una muestra que parece representar al conjunto de la población. La experiencia o resultados previos permiten seleccionar (filtrar) a los encuestados.

- *Muestreo de cuotas.* Se seleccionan casos concretos de encuestados que presenten ciertas características (sexo, edad, ingresos…). Se intenta que la muestra sea representativa.

- *Muestreo de bola de nieve.* Los individuos seleccionados facilitan el contacto de nuevos individuos.

• **Etapa 5. Recolectar datos.** La recolección de los datos cualitativos es posible mediante transcripciones, *verbatim*, nube de *tags*, entre otros. Por otro lado, los análisis cuantitativos se recopilan mediante los resultados de cuestionarios u otras técnicas numéricas especificadas en la fase de diseño de la recogida. Es importante, al recolectar, indicar cuánto ha durado la fase de recolección. Por ejemplo, en el caso de lanzar un cuestionario, especificar el día de lanzamiento y la fecha de cierre de la disponibilidad.

• **Etapa 6. Procesar datos.** Los datos hay que procesarlos para su interpretación mediante técnicas estadísticas. Hoy en día, la tecnología facilita la labor, ya que existe *software* específico, como SPSS, que ayuda en el tratamiento de los datos.

• **Etapa 7. Analizar los datos.** El análisis debe responder a una serie de tablas, gráficas, es decir, representaciones, que permitan observar las tendencias o los avances de las acciones para conocer qué sucede actualmente o qué ha sucedido.

En este punto es de interés realizar *dashboards* o cuadros de mando que permitan agrupar los datos por intereses y faciliten la toma de decisiones, ya que permiten «visualizar cómo están evolucionando determinados indicadores que están conectados con los objetivos de investigación» (Hernando de Bedoya & Sanz, 2020). Adicionalmente, este tipo de herramientas permiten la integración de otras fuentes de datos internas o externas. Para construirlo, se necesita determinar el objetivo que se quiere conseguir: ¿qué queremos medir? ¿para qué lo queremos medir? Y posteriormente seleccionar la herramienta de inteligencia de negocio que se adapte mejor al proyecto. En el mercado hay muchas soluciones disponibles, como pueden ser *Tableau* y *Power BI*.

- **Etapa 8. Presentar los resultados de la investigación** para la toma de decisiones a través de informes que recojan los principales hallazgos y el procedimiento para llegar a ellos. Según esto, se establece el plan de acción futuro.

En conclusión, la siguiente imagen sintetiza los pasos a seguir y la relación de la investigación de mercados con el plan de marketing; concretamente, se ubica en su parte estratégica para vigilar el entorno, y en la parte operativa, con una perspectiva de control.

No obstante, para poder diseñar la investigación, es importante saber identificar los objetivos de la empresa y las estrategias que se están llevando a cabo. En función de la situación actual, la investigación de mercados aporta información desde una perspectiva de vigilancia interna/externa para la toma de decisiones de marketing como parte de planes futuros.

La investigación de mercados puede utilizarse para la óptima toma de decisiones en los siguientes ámbitos:

- *Análisis interno.* Puede realizarse para conocer las motivaciones, el clima laboral, la satisfacción de los empleados y tomar decisiones para la mejora del rendimiento, las condiciones, etcétera. También se requieren análisis internos de la evolución de las ventas o conocer la situación de la cuota de mercado respecto a la competencia.

- *Análisis del consumidor.* Pueden realizarse para conocer los procesos de compra tipo de los consumidores actuales. Además de conseguir *inputs* para saber qué valora en las marcas y cuáles son sus preferencias.

- *Análisis de competencias y entorno.* Pueden realizarse para conocer los factores políticos, económicos, sociales, tecnológicos, ecológicos, legales (PESTEL) y las fuerzas de Porter, de tal manera que sirve para determinar el entorno remoto (PESTEL) y específico (Porter).

Figura 2.3. La investigación de mercados como parte
de las funciones estratégicas y operativas

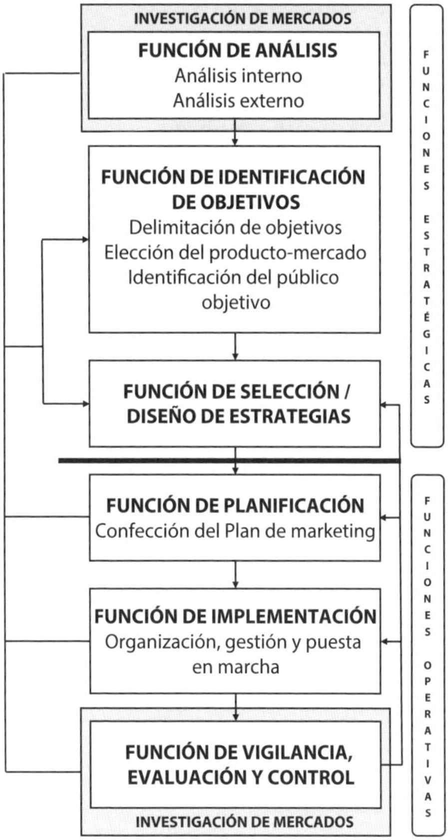

Fuente: Merino (2001).

2.4. Asociaciones profesionales

Esta disciplina está regulada por los siguientes organismos:

* AEDEMO (Asociación Española de Estudios de Mercado y Opinión) es la asociación que agrupa a los profesionales de la investigación de mercados en España. Se creó en 1968 y tiene más de 50 años de actividad.

* ANEIMO (Asociación Nacional de Empresas de Estudios de Mercado y Opinión Pública). Representan desde 1978 a los asociados ante la Administración, promueven la colaboración entre empresas, códigos éticos, etc.

  Sin embargo, ambas convergen en abril de 2019, cuando las asambleas de AEDEMO y ANEIMO certificaron el proyecto de creación conjunta de una nueva asociación. El nuevo proyecto se creó bajo la razón social Asociación Nacional de Investigación en Marketing, Económica y Social y se dio a conocer bajo la marca I+A, Insights + Analytics España. I+A es un reflejo de la realidad del sector, que cada vez agrupa más áreas de conocimiento: *insights, analytics, big data, business intelligence, behavioural data, biometric data, virtual techniques,* etc.

* ESOMAR. A nivel internacional destacan las recomendaciones de la Asociación Europea para Estudios de Opinión y Marketing (ESOMAR), que se estructuran en Normas generales y en normas particulares.

Microejercicio. Investigación de mercados

Objetivo

Recopilar información primaria y secundaria que permita realizar el planteamiento de una investigación de mercado para identificar oportunidades o necesidades de un cliente objetivo.

Para ello, responde a lo siguiente:

1. Elige un producto o servicio local.

2. Define tu público objetivo.

3. Elabora una encuesta con al menos cinco preguntas que permitan identificar los siguientes aspectos:

   - Intereses del cliente.
   - Frecuencia de compra.
   - Problemas que enfrentan actualmente con productos similares.
   - Precios que están dispuestos a pagar.
   - Canales de compra preferidos.

4. Aplica la encuesta a aproximadamente diez personas.

5. Analiza los resultados con estas preguntas:

   - ¿Qué necesidad o problema recurrente aparece?
   - ¿Qué precio promedio estaría dispuesto a pagar el cliente?
   - ¿Qué canal de venta prefiere?

Redacta las conclusiones y recomendaciones que hayas identificado para el producto o servicio elegido.

Capítulo 3

Análisis de la información estratégica y *marketing mix*

L a información es necesaria para la toma de decisiones dentro de las empresas. Su buen uso ayuda a guiar de forma óptima la naturaleza de las acciones que se van a implementar para conseguir la viabilidad. Sin embargo, constituye un activo intangible en todas las organizaciones. Es decir, algo difícilmente imitable, ya que no se puede ver ni tocar.

Los activos intangibles provienen de las habilidades, los conocimientos y las actitudes de las personas que trabajan en las empresas, del *know-how* y de los valores de la compañía. La información no es el único activo intangible dentro de una organización; otros ejemplos son las marcas, los derechos de autor, las patentes, en definitiva, todo aquello que no implica nada físico.

Según Aportela & Gallego (2015), la información constituye un componente «invisible» indispensable para hacer «visible» el resto de los recursos. La información es la base de conocimientos de la empresa y se utiliza en los procesos de investigación, desarrollo e innovación tecnológica (I+D+i). Por tanto, se constituye como un elemento clave para alcanzar altos niveles de competitividad empresarial.

Precisamente, las empresas que demuestran altos niveles de competitividad son aquellas que tienen altos niveles de capacidad de reacción y adaptación al entorno. La adecuada gestión de la información y el conocimiento posibilitan nuevos productos y promueven procesos más eficientes.

La competitividad según Porter (1986) «debe entenderse en términos de la capacidad de mejorar e innovar constantemente para generar ventajas diferenciales frente a los competidores, lo cual implica realizar un análisis estructural de los mercados para elegir las alternativas más viables».

Porter (1986), en esta definición, alude a su teoría sobre el diamante de Porter que se basa en una serie de factores a nivel micro que influyen en la competitividad de Gobiernos, empresas, países, etcétera, que se enfrentan a la gestión de la competencia.

Hay que tener en cuenta que competencia y competitividad no son lo mismo aunque estén muy relacionadas.

La competitividad se refiere a la consecución de una posición de liderazgo utilizando las técnicas de marketing dentro de una empresa, basándose en estrategias o comportamientos con los que ya se cuenta. Por su parte, la competencia hace que la organización ofrezca un mayor valor a sus clientes con el objetivo de ser cada vez mejores.

Los factores para la mejora de la competitividad, según Porter, (1986) son los siguientes:

- *Estructura, estrategia y rivalidad de empresas.* Prestar atención a la parte legislativa regulando qué hacer en materia de creación de empresas, unido a las políticas de rivalidad entre las empresas que compiten en el mismo mercado, va a determinar una pauta de actuación para determinar la estrategia empresarial.

- *Condiciones de la demanda.* La demanda se realiza de los productos o servicios del sector donde se opera. Se determina cuál es para establecer estrategias que aumenten el consumo.

- *Sectores afines y de apoyo.* Fijarse en qué acciones llevan a cabo sectores afines, o bien proveedores que sean internacionalmente competitivos, aumenta la competitividad porque obliga a la empresa a estar alerta.

- *Condiciones de los factores.* Los países y las empresas tienen más fácil explotar los recursos que genera el propio país. Sin embargo, no es contraproducente utilizar esto, aunque la ventaja competitiva sea más fuerte con la escasez. La abundancia no fomenta la innovación.

A continuación, se resumen los factores en la Figura 3.1.

Figura 3.1. Diamante de Porter

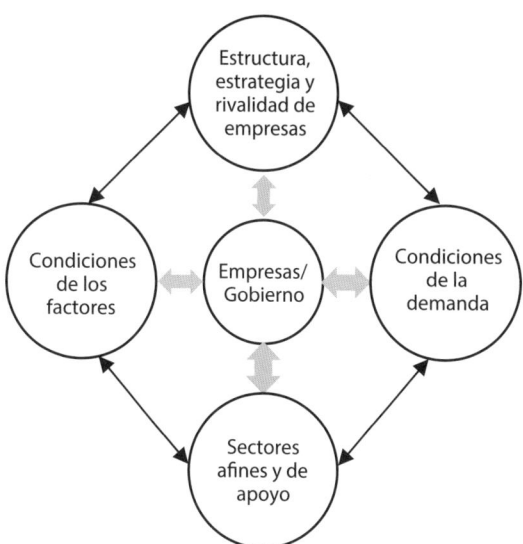

Fuente: Elaboración propia a partir de Porter (1986).

Por tanto, para lograr la competitividad y manejar la competencia, todas las empresas emplean el marketing estratégico para poder obtener un mejor posicionamiento en el sector. El objetivo de instaurar estrategias es conocer la necesidades actuales y futuras de los clientes. Por ende, se localizan nuevos mercados para explorar si existen oportunidades para una posible expansión.

El objetivo más común es la expansión internacional, cuando ya se ha logrado un buen posicionamiento. No obstante, el marketing estratégico está presente en muchos objetivos más, que responden a sus funciones, como son los siguientes:

- Identificar segmentos potenciales.

- Valorar el potencial e interés de los mercados.

- Orientar la empresa para la búsqueda de oportunidades.

- Diseñar una hoja de ruta para el cumplimiento de los objetivos.

Precisamente la planificación de la estrategia es un factor determinante. La estrategia responde al camino que hay que seguir para lograr un objetivo. Pero ¿según qué criterios se decide la estrategia?

Para conseguir una estrategia de éxito, se necesita aplicar de forma efectiva tres factores:

- *Conocer los objetivos a largo plazo.* Estos deben ser simples. Es decir, las metas empresariales deben ser claras, basadas en la visión. La visión debe ser ambiciosa y conocida por todos.

- *Comprender el entorno competitivo.* La empresa debe conocer a su competencia directa a la perfección para estudiar a quién se enfrenta. Así podrá identificar tendencias y tener un mayor conocimiento de qué sucede en su entorno.

- *Evaluar de forma objetiva los recursos con los que contamos.* La empresa debe conocer sus puntos fuertes y débiles. De esta manera podrá competir con inteligencia sabiendo sus limitaciones.

Por tanto, para construir estrategias realistas, la empresa debe dar respuestas a las siguientes preguntas: ¿qué quiere conseguir como organización?, ¿en qué entorno me estoy moviendo?, ¿con qué recursos cuento? Según eso, podrá determinar cómo implantar su estrategia. A continuación, se resumen los factores en la Figura 3.2.

En el mundo empresarial, además de delimitar la estrategia del entorno, existen niveles de planificación del negocio que requieren de un plan estratégico. Es decir, un documento que forma parte del plan de negocio y que necesita la organización para alcanzar su misión de futuro definiendo sus objetivos.

Figura 3.2. Factores que determinan la estrategia del entorno

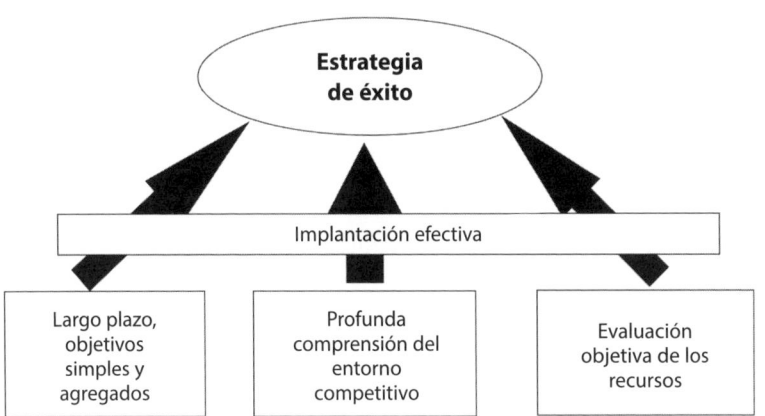

Fuente: Anderson, Reckhenrich & Kupp (2013).

Para ello, necesita definir, en primer lugar, la estrategia corporativa. En función de esto, se define el alcance de la compañía en lo que respecta a las industrias en las que compite. Puede darse de tres formas:

- *La integración vertical* en una determinada industria consiste en que un mismo propietario dispone de actividades en distintas fases de esa industria. Hacia atrás (*upstream*), hacia adelante (*downstream*) y la integración vertical equilibrada (*balanced*) tanto hacia atrás como hacia adelante.

- *La dimensión horizontal* se refiere al número de negocios distintos en los que está presente la empresa.

  - *Diversificación relacionada:* Existe algún tipo de relación entre los negocios.

  - *Diversificación no relacionada:* No existe ninguna relación entre los negocios.

- *La dimensión geográfica* hace referencia a la presencia espacial de las actividades de la empresa y puede ser local, regional, nacional, internacional y global.

Después de definir en qué mercados y con qué productos competir, se determina la estrategia competitiva, que da lugar al marketing estratégico. Fundamentalmente se basa en un profundo conocimiento de los sectores industriales, el comercio y los servicios, de sus competidores y su entorno. Para profundizar en ello, y como herramienta, se recurre al modelo de las 5 fuerzas de Porter.

Por último, se determina la estrategia de marketing, que da lugar al marketing operativo. Las estrategias de marketing definen cómo se van a conseguir los objetivos comerciales de nuestra empresa. Estos se basan en el *marketing mix* (las 4 P: producto, promoción, precio y plaza).

Figura 3.3. Estrategias y su relación con el marketing

Fuente: Elaboración propia.

Aunque el marketing operativo se deriva del marketing estratégico, existen diferencias relevantes entre ellos. Las principales diferencias entre el marketing estratégico y el operativo se ven reflejadas en la Tabla 3.1.

Tabla 3.1. Diferencias entre marketing estratégico y marketing operativo

	Marketing estratégico	**Marketing operativo**
Actividades	Análisis del mercado y elección de la estrategia de marketing.	Diseño, ejecución y control de un plan de marketing en el que se concreta la estrategia elegida.
Nivel organizativo de trabajo	Negocio (producto-mercado).	Funcional.
Horizonte temporal	Largo y medio plazo.	Medio y corto plazo.
Riesgo	Elevado al ser a largo plazo.	Menor al ser a corto plazo.
Incertidumbre	Alta al ser a largo plazo.	Menor al ser a corto plazo.

Fuente: Elaboración propia.

3.1. Creación de valor en la empresa mediante los nuevos modelos de negocio

El proceso de creación de valor va más allá del posicionamiento. Persigue que todas las experiencias que el usuario ha tenido en el proceso de compra con el producto/servicio cumplan con las promesas que el producto/servicio promete entregar. El valor para el consumidor es la diferencia entre las experiencias positivas que ha encontrado (beneficios) y las negativas (costes, precio).

El producto debe definirse de manera distintiva y clara de la competencia. Para ello, hay que definir la propuesta de valor en primer lugar. Posteriormente se define el posicionamiento, haciendo foco en un atributo que va a dar una capacidad distintiva frente a la competencia y, por último, la *unique selling proposition* (UPS) o propuesta única de venta, ya que el último paso de la generación de valor es la comunicación de este, y para ello la UPS va a impulsar el proceso. Este proceso tiene sus pasos y son los siguientes:

1. Conocer y describir al consumidor ideal.

2. Evaluar la competencia directa de la empresa.

3. Investigar qué quieren los consumidores potenciales de nuestro negocio y si existe o no en el mercado.

4. Comunicar al mercado nuestra propuesta única de venta.

Definir y cumplir con estos pasos para generar valor otorga mayores posibilidades de éxito en el lanzamiento. Los clientes buscan experiencias satisfactorias y por ello el *total customer experience* ya no comprende únicamente el proceso de venta, sino el antes, durante y después de la experiencia de compra. No basta con poner al cliente en el centro; hay que crear experiencias memorables en todos los puntos de contacto.

Por eso deben cuidarse los detalles en todo lo que se transmite para conseguir equilibrio y que la mayoría de las experiencias sean positivas en lo que la marca en sí misma quiere transmitir, su comunicación, el propio servicio de atención al cliente y el producto. Todo ello debe estar centrado en las necesidades y cumplir con los principios básicos de deseabilidad (capacidad de generar emociones), utilidad (producto útil y que satisface una necesidad) y usabilidad (fácil de operar). A continuación, se muestran los componentes que tienen un impacto positivo en la experiencia del cliente.

Figura 3.4. Experiencia total del cliente

Fuente: Elaboración propia (2022).

La gestión de la experiencia, el aporte de valor y la generación de estrategias suponen para las compañías una posición de ventaja.

Según Kotler & Keller (2006), las empresas tienen una situación competitiva en el mercado meta y se pueden clasificar según el papel que desempeñan en dicho mercado en cuatro grandes bloques:

- *Empresas líderes.* Este tipo de empresa tiene la mayor participación dentro de los mercados y suele actuar de guía para el resto de las empresas en cuanto a productos, precios y promociones. Sin embargo, debe mantenerse alerta y no confiarse en su liderazgo, debido a que pueden aparecer empresas que sorprendan con alguna innovación sobre el producto y experimente un rápido crecimiento. Por tanto, para mantener el liderazgo, la empresa debería realizar innovación continuada. De esta manera, podría aumentar su competitividad y el valor para los consumidores.

- *Retadoras.* Este tipo de empresa tiene como objetivo las empresas líderes. Utiliza estrategias muy similares a las suyas. Tienen como principal objetivo atacar al líder tanto en sus fortalezas como en sus debilidades e intentan desbancar a este tipo de empresas con acciones agresivas, incluso en el mismo espacio de mercado, buscando su expansión. Su éxito depende de la combinación de sus estrategias a lo largo del tiempo. Normalmente utilizan estrategias de precios bajos para penetrar en el mercado y romper el ciclo de compra mediante acciones publicitarias agresivas, donde se realizan promociones o incluso se pueden llegar a dar productos gratis.

- *Seguidoras.* Este tipo de empresas está muy lejos de acercarse al líder del mercado, incluso al retador. Sus esfuerzos se dirigen a diferenciarse con acciones de marketing de otras empresas seguidoras del mercado. Si no hacen este esfuerzo, serán parte de un conjunto de marcas donde *a priori* todas aportan el mismo valor.

- *Especialistas de nicho.* Este tipo de empresas opta por diferenciarse del resto ofreciendo su producto a un submercado o nicho de mercado concreto. Su objetivo es ser popular en ese mercado de nicho al cubrir una necesidad muy específica para un público específico y, según eso, comenzar su expansión y liderar el submercado.

Para que las empresas logren un mejor posicionamiento en el mercado, existen estrategias creadoras de valor dentro de las organizaciones y todas ellas están basadas en el aprendizaje organizacional. El aprendizaje organizacional se define como la capacidad de transmitir el conocimiento de la empresa, logrando poner en marcha cambios y mejoras que posibilitan la innovación (Rincón, 2017).

Concretamente, a través del aprendizaje, la empresa puede poner en marcha estrategias de creación de valor dirigidas a tres ámbitos concretos:

- *Creación de valor por la optimización de procesos.* Buscan un resultado que permita simplificar y ser más efectivos en los procesos internos que la empresa lleva a cabo. De esta manera, podrá reducir sus costes.

- *Creación de valor por la innovación.* Los nuevos productos sirven para captar nuevos clientes, y los nuevos procesos abaratan la producción, lo cual incrementa la ganancia. Además, toda innovación en el mercado tiene una repercusión positiva sobre la imagen de la empresa.

- *Creación de valor por la capacitación.* La formación implica el desarrollo de productos y procesos óptimos que incrementan el valor de la empresa. Los empleados serán más eficientes y gestionarán mejor los recursos cuanto mayor conocimiento tengan sobre los procesos de producción. Con formaciones, también serán capaces de ofrecer un mejor servicio y, por tanto, mejorar la imagen de la compañía.

La definición del valor dentro de un negocio es la parte fundamental de su modelo. Por tanto, Amit y Zott (2001) lo definen como marco que describe cómo una empresa crea, entrega y captura valor al organizar transacciones de negocios. Detalla el contenido (productos/servicios, información), la estructura (cómo se organizan las actividades y relaciones) y el gobierno (las reglas y relaciones de poder) de esas transacciones para explotar oportunidades y generar beneficios. Sin embargo, nos da una visión ampliada del negocio, ya que responde al ¿cómo? ¿qué? quién? y ¿cuánto? del negocio, tal y como se ve en la imagen.

Figura 3.5. Business Model Canvas

Socios clave	Actividades clave	Propuesta de valor	Relaciones con clientes	Segmento de clientes
¿Cómo?		**¿Qué?**	**¿Quién?**	
	Recursos clave		Canales	
Estructura de costes		**¿Cuánto?**	Flujos de ingresos	

Fuente: Elaboración propia (2022).

Cada uno de los factores que se deben analizar tienen un orden numérico de cómo hacerlo, que es el que se presenta en el listado.

Sin embargo, este orden es para negocios de nueva creación, pero el Business Model Canvas recomienda realizarlo de forma constante en la empresa con el fin de repensar los procesos actuales y detectar posibles mejoras. Una vez está constituido, este orden puede verse modificado. El tablero no cambiará, pero sí lo hará el orden de escritura del lienzo.

1. *Segmento de clientes.* Se debe especificar quiénes son los grupos de usuarios a los que se les ofrece el producto/servicio y cuáles son sus características principales.

2. *Propuesta de valor.* Está unida al segmento, ya que a cada segmento definido se le tendrá que proporcionar un valor

específico. Definir estos dos puntos de forma conjunta y retroalimentándose entre sí es fundamental para que el resto del modelo funcione. A continuación, se detallan las características que debe incluir la propuesta de valor. Por supuesto, no deben ser todas, sino las que apliquen al negocio en concreto:

- precio,
- novedad,
- calidad,
- conveniencia,
- marca/estatus,
- desempeño,
- reducción de riesgo,
- reducción de costes,
- diseño,
- customización.

Alex Osterwalder propuso el mapa de valor en relación con el segmento para lograr la conexión mencionada anteriormente. Ambos factores tienen tres componentes que definir en cada una de sus partes.

- En el mapa de valor, se definen los siguientes aspectos:
  - Generadores de ganancias.
  - Productos y servicios.
  - Aliviador de dificultades.
- En el mapa de cliente, se definen los siguientes aspectos:
  - Ganancias.
  - Actividades del cliente.
  - Puntos de dolor que puede tener el cliente.

Se especifica cada uno de ellos en la siguiente imagen, donde se define la visión de la empresa y del segmento.

Figura 3.6. Factores para construir la propuesta de valor

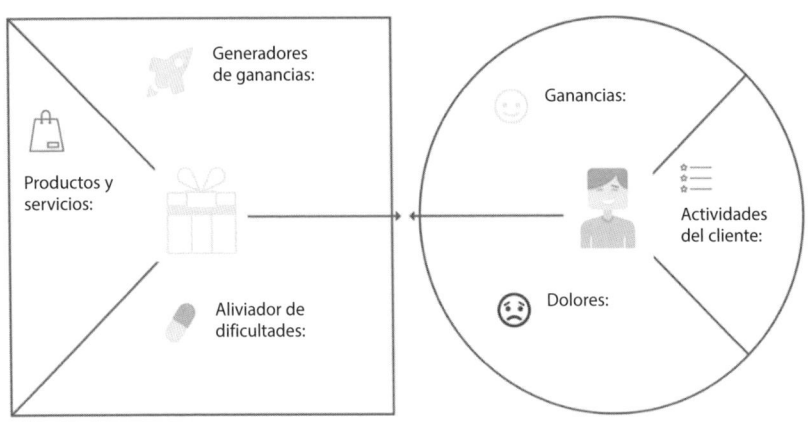

Fuente: Design Thinking España (2024).

3. *Canales.* La empresa elige los canales para comunicarse con su segmento. El criterio para hacerlo es preguntarse: ¿qué canales visita mi público objetivo? No tiene sentido adoptar una estrategia de estar en el lugar donde no está tú público. Los canales tienen por objetivo entregar información de interés al cliente para aumentar su percepción de valor. Por ejemplo, si una empresa quiere ganar visibilidad entre los jóvenes, utilizará las redes sociales, en concreto TikTok e Instagram.

4. *Relaciones con clientes.* La empresa debe seleccionar la forma de interactuar con cada uno de los segmentos de clientes. Esta puede ser de diversos tipos:

   • Basada en una relación *face to face.*
   • No existe relación directa con el cliente. Ofrecemos unas FAQ (preguntas frecuentes) para que el cliente solucione sus dudas.
   • Basada en una atención a través de relaciones digitales tipo *chatbots* y, en última instancia, una atención personalizada.

5. *Recursos clave.* La empresa debe determinar los recursos que necesita para poder llevar a cabo su actividad. Los recursos

pueden ser en términos monetarios, en términos de mano de obra, marcas, patentes, y todo aquello necesario como máquinas, edificios, etcétera, que necesite para constituirse.

6. *Actividades clave.* Las empresas necesitan identificar qué procesos de producción, gestión o herramientas van a necesitar como apoyo para el desempeño de su actividad.

7. *Socios clave.* Las empresas deben definir sus proveedores necesarios para poder desarrollar su negocio. También pueden decidir crear cualquier tipo de sinergia que permita reducir los riesgos y desarrollar mayor número de actividades producto de la asociación.

8. *Flujos de ingresos.* La forma de obtener beneficio de una empresa puede ser diversa. La más típica es la venta de productos, pero existen modalidades de pago por uso o suscripción a un servicio.

9. *Estructura de costes.* El desarrollo de un negocio implica conocer los gastos en los que se va a incurrir. Debería hacerse una previsión al menos sobre los costes fijos y variables.

Una vez se reflexione sobre todos estos ítems, el primer boceto del modelo de negocio estará hecho. A modo de ejemplo, se muestra el Business Model Canvas de la plataforma Netflix (ver Figura 3.7).

Las principales teorías sobre modelos de negocios apuntan a que el lienzo debe contemplar la dimensión social del negocio y, por ello, la Universidad de Stanford publica en 2019 su matriz Impact Business Model Canvas (IBMC), que tiene como objetivo agregar valor tanto social como financiero al modelo de negocio. Para ello, añade las siguientes dimensiones:

- *Planteamiento del problema.* La empresa debe cumplir con un propósito social y, para ello, debe especificar cuál es el problema, respondiendo a preguntas del tipo: ¿cuántas personas están afectadas? ¿En qué geografías? ¿Todas las capas de la sociedad se ven afectadas por igual? ¿Qué factores externos

Figura 3.7. Ejemplo del modelo de negocio de Netflix

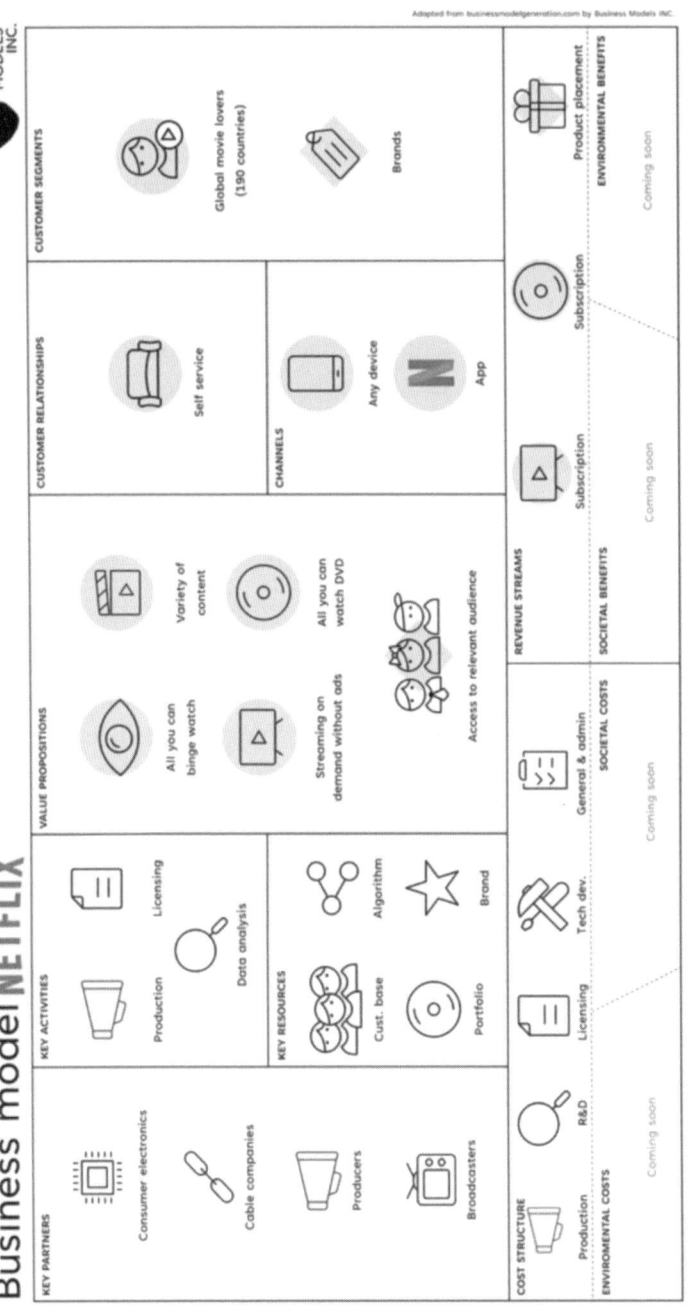

Fuente: Business Models Inc. (2022).

rodean el problema y podrían influir en su estrategia y operaciones, por ejemplo, la economía, la tecnología, las condiciones políticas, las condiciones sociales, etc.?

- *Estado de la misión.* La Universidad de Stanford (2019) nos indica cumplimentar la misión en ocho palabras o menos, es decir, un verbo, una población objetivo o entorno y un resultado que implique algo para medir. Por ejemplo: «Prevenir el *bullying* en los colegios de Valencia».

- *Impacto previsto.* Una declaración de impacto es una declaración o una serie de declaraciones sobre lo que la organización está tratando de lograr específicamente y de lo que se responsabilizará. En este apartado, se especifican los Objetivos de Desarrollo Sostenibles y en concreto las metas que se deben alcanzar. Se debe identificar qué resultados logrará la organización, para quién y en qué marco de tiempo: por ejemplo, «Atenderemos a X población en Y geografía para lograr Z resultados para 20XX».

El ejemplo gráfico del modelo completo se puede visualizar en la Figura 15. Los nuevos factores se integran en el Business Model Canvas actual, cambiando y modificando el orden de inicio y el final.

Figura 3.8. Impact Business Model Canvas

Planteamiento del problema				
Mission Statement				
Socios clave	Actividades clave	Propuesta de valor	Relaciones con clientes	Segmento de clientes
	Recursos clave		Canales	
Estructura de costes			Flujos de ingresos	
Impacto previsto				

Fuente: Board of Trustees of the Leland Stanford Junior University (2019).

Es los últimos años, los modelos de negocio tradicionales han dado lugar a nuevos modelos basados en servicios y no en productos, como son Airbnb, Netflix, Alibaba, Uber o Meta, entre otros. Este tipo de compañías tienen en común que son intermediarias de servicios y tienen la tecnología como aliada. Pero no es el único motivo: son organizaciones con valoraciones de mercado superiores a los 1.000 millones de dólares y, precisamente por ello, son denominadas *empresas unicornio*. Adicionalmente, tienen más características que las definen. Se nombran a continuación:

- Surgen en la era de las redes sociales.

- Su modelo es *business to consumer* (B2C), es decir, desarrollan una estrategia comercial para llegar directamente al cliente o consumidor final.

- En promedio, en la década pasada nacieron cuatro empresas unicornio por año.

- La edad promedio de los emprendedores que las fundan es 34 años.

- Sus equipos están conformados por tres emprendedores en promedio.

- El 90 por ciento de las compañías tiene fundadores que ya se conocían antes en la universidad o el trabajo.

- Tienen un rápido crecimiento. En ocasiones, se dificulta la gestión empresarial debido al alto nivel de burocracia.

- Estados Unidos y China son los países donde nacen más empresas con estas características.

Adicionalmente a todas las características que las definen, este tipo de empresas tienen en común que han buscado un espacio de mercado sin competencia. A esto se le denomina *océano azul*.

El océano azul busca una oportunidad de mercado a través de un modelo innovador en el cual no existe competencia, por lo que dispone de todo el mercado. Otras empresas intentarán imitar este modelo; como consecuencia, se saturará el mercado, por lo que será más difícil diferenciarse de la competencia. Cuando una empresa quiere entrar en un mercado con estas características, se denomina *océano rojo*.

Ambas estrategias son completamente diferentes. Es por ello, que se ofrece una tabla comparativa con las diferencias entre ellas.

Tabla 3.2. Diferencias entre océano rojo y océano azul

Estrategia del océano rojo	Estrategia del océano azul
Compite en un espacio de mercado que ya existe.	Crea un espacio de mercado en el que no hay competencia.
Derrota a la competencia.	Hace que la competencia sea irrelevante.
Explota la demanda existente.	Crea y capta una nueva demanda.
Mantiene el equilibrio valor/coste.	Rompe el equilibro valor/coste.
Alinea todo el sistema de actividades de una empresa con su elección estratégica de diferenciación o costes reducidos.	Alinea todo el sistema de actividades de una empresa con el fin de lograr diferenciación y costes reducidos.

Fuente: Mauborgne & Kim (2005).

3.2. Creación de valor para el usuario a través de la dirección estratégica: las cinco fuerzas de Porter

La estrategia competitiva utiliza las cinco fuerzas de Porter para el estudio del mercado. El estudio de las barreras de entrada es clave para penetrar en un nuevo sector. Las organizaciones gubernamentales pueden facilitar el proceso con políticas de subsidios o investigación que se pongan a disposición de las empresas. Según Porter (2018), la competitividad y la rentabilidad determinan la estructura de un sector; esta no depende de si el sector ofrece productos o servicios, si es emergente o maduro, de alta tecnología o baja tecnología, si está regulado o no lo está. Para ello, se determinan cinco factores:

- *El poder del cliente.* Los clientes cada vez son más exigentes. Solicitan mayor calidad a menor coste. Sin embargo, esta situación redunda en que las empresas deben hacer esfuerzos por mantenerse atractivas para los consumidores a través de estrategias de mejora de la atención y la calidad, y un aumento del valor añadido.

- *El poder del proveedor.* Los proveedores juegan un papel fundamental en la gestión, ya que son los que proporcionan actividades auxiliares o primarias sin las que no podrían completarse en tiempo y forma la entrega de nuestro producto o servicio. La situación ideal es que haya un buen número de proveedores, pues si son numerosos, es mayor el poder de negociación que tendrá la empresa. Por tanto, la empresa busca aumentar su cartera de proveedores y establecer alianzas a largo plazo. Se ha comprobado que los proveedores están más comprometidos y, por tanto, prestan un mejor servicio si los contratos están basados en relaciones duraderas.

- *Los nuevos competidores entrantes.* Las industrias que tienen muchas barreras de entrada son poco atractivas para generar negocios en ellas. No obstante, existe la amenaza de que puedan irrumpir empresas que logran un buen posicionamiento ante la falta de competencia. Las barreras más típicas son la economía de escala, donde es complicado igualar o bajar el precio existente. Existen también las barreras legales que se establecen desde los Gobiernos o enfrentarse a marcas fuertes, entre otras.

- *La amenaza que generan los productos sustitutivos.* La existencia de productos sustitutivos presenta una amenaza en el sector, ya que suelen ofrecerse a precios más bajos. Para combatirlo, la empresa debe aumentar la calidad del producto u ofrecerlo a un precio menor. También puede trabajar en formular productos sustitutivos del propio producto y generar nuevas líneas de negocio.

- *La naturaleza de la rivalidad.* La rivalidad es el fruto de los cuatro factores anteriores. Si la rivalidad es muy fuerte, significa que las empresas de alrededor lanzan constantemente sus estrategias para mantener y aumentar su posicionamiento y liderazgo en la industria. Ese gran poder es disuasorio para otras empresas que quieran entrar en el mercado, ya que deben lanzar estrategias mucho más agresivas, lo que les supone un riesgo. No obstante, pueden establecer alianzas para ser más disruptivos y equilibrar el riesgo, aumentar la inversión en marketing y publicidad o rebajar los costes fijos para ofrecer mejores precios.

3.3. Ventaja y desventaja competitiva para salvaguardar la viabilidad empresarial

Michael Porter definió el concepto *ventaja competitiva* en su libro *Ventaja competitiva: crear y sostener un desempeño superior* (1985). Porter determinó que la creación de las ventajas competitivas estaba determinada por el proceso de creación de valor a través del estudio de las actividades primarias y secundarias (cadena de valor) para determinar las cualidades superiores a la competencia.

La teoría de empresa insiste en generar ventajas competitivas de forma constante para obtener un rendimiento superior que la competencia de modo sostenido. Sin embargo, ¿cómo se aumenta el valor percibido? Existen algunos factores que ayudan a tener más margen, como son los siguientes:

- *Enfrentarnos a recursos o productos escasos.* Precisamente, cuanto más escasos sean, el cliente tiene una percepción de mayor valor. Imaginemos una pieza de museo o el último artículo disponible en la tienda.

- *Difícilmente imitables o sustituibles.* Los productos o servicios que tienen características que los hacen únicos son percibidos por el cliente como algo valioso. No tienen por qué ser características tangibles; también puede ser la experiencia de compra que rodea al producto. Por ejemplo, la experiencia de compra en una tienda de firma.

- *No adquiribles en el mercado.* El mercado pone a nuestra disposición numerosos productos en multitud de espacios, tanto físicos como virtuales. La abundancia supone una menor percepción de prestigio. Por ejemplo, las ventas privadas, que se limitan a un número de personas, aumentan la sensación de «ahora o nunca».

- *Útiles.* Las personas demandan productos que sean funcionales y útiles. Este es uno de los factores principales de la propuesta de valor, ya que permite satisfacer la necesidad por la cual ha sido adquirido.

Hacer uso de las ventajas competitivas es una estrategia. La estrategia debe entenderse como una búsqueda que permite explotar las ventajas competitivas existentes. Es importante diferenciarse de los competidores, ya que esto impacta directamente en la creación de valor para el cliente (Vértice, 2007).

Sin embargo, en un contexto de alta demanda del cliente, este solo quiere un producto de buena calidad a bajo coste. Aunque las empresas centren sus esfuerzos en ofrecer estas cualidades, en ocasiones es inviable. Si esto fuera una realidad, la empresa no podría sobrevivir en el mercado.

Por ello, nace el término *desventaja competitiva*. Precisamente, la desventaja se centra en ofrecer algo menos bueno, o más caro, para poder soportar sus costes de producción y ventas. Un ejemplo característico es la empresa de vuelos *low-cost Ryanair*. Esta empresa hizo un sondeo de mercado entre sus consumidores ofreciendo lo siguiente: en los vuelos cortos, los pasajeros irían semisentados y de esta forma podrían poner más asientos en el avión. Los clientes pagarían menos por el billete y el coste lo asumirá a través de la venta de más billetes, ya que, en el mismo espacio, pondrían más asientos.

Lo que es una ventaja competitiva, en este caso «el precio», tiene una repercusión sobre la satisfacción del cliente, pero le acompaña una desventaja competitiva, «la comodidad», y de esta forma se asegura la viabilidad empresarial, como se detalla en la siguiente imagen:

Figura 3.9. Ventaja competitiva, desventaja competitiva y viabilidad

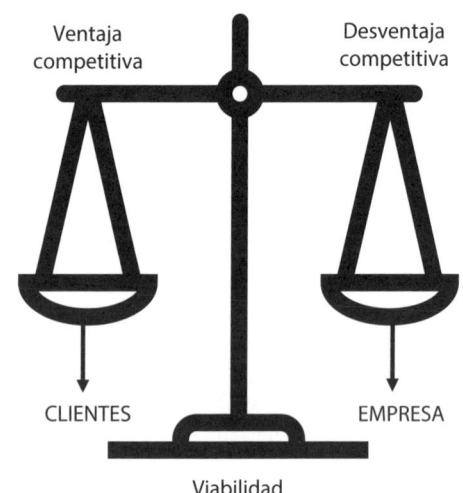

Fuente: Elaboración propia, a partir de Llano & Olavarría (2018).

Por tanto, son necesarias tanto la ventaja como la desventaja competitiva. Sin embargo, la contraposición de ventajas y desventajas no es la única opción. En ocasiones, existe una equivalencia competitiva. Llano & Olavarría (2018) definen *la equivalencia competitiva* como la cualidad de tu producto o servicio que te califica como «competitivo» para ese atributo, ya que, para tus clientes, su valor se encuentra en la media del mercado.

A continuación, a través de un ejemplo, se explican las opciones disponibles en el mercado y un caso concreto de opción «muy rápido» + «muy barato» +» muy bueno» es precisamente inviable para la empresa.

En la Figura 3.10 se conjugan una serie de ventajas, equivalencias y desventajas que ponen de manifiesto que la mejor solución es la que se adapta al cliente.

Figura 3.10. Ejemplo de opciones viables para la empresa

	VENTAJA COMPETITIVA (Mejor que la competencia)		**EQUIVALENCIA COMPETITIVA** (Similar a la competencia)		**DESVENTAJA COMPETITIVA** (Peor que la competencia)
OPCIÓN 1	Muy bueno	+	Rápido	=	Caro
OPCIÓN 2	Muy barato	+	Bueno	=	Lento
OPCIÓN 3	Muy rápido	+	Barato	=	Malo
OPCIÓN 4	~~Muy barato~~	+	~~Muy bueno~~	+	Muy rápido

Inviable

Fuente: Llano & Olavarría (2018).

3.4. Análisis de carteras a través de matrices estratégicas

La empresa tiene implícita la labor de búsqueda continua para identificar las actividades que crean valor y averiguar la mejora de ellas a través de la reducción de costes y el aumento del desempeño en su construcción.

Adicionalmente, es necesario conocer cuáles son los productos que cuentan con una mayor rentabilidad y están dando liquidez a la empresa. También hay que determinar los productos que necesitan inversión o simplemente el mercado ya no los está acogiendo y, por tanto, ya no son rentables. De esta manera se tiene controlada la liquidez empresarial.

Todo ello se obtiene a través de las matrices y, al determinar en qué parte del ciclo de vida se encuentran los productos o servicios en el mercado, estos varían y pasan por diferentes fases en función de los beneficios percibidos en las ventas y del propio número de ventas.

Existen diferentes fases en el ciclo de vida del producto que determinan la viabilidad y rentabilidad. Estas fases son las siguientes:

- *Fase de introducción o fase de lanzamiento.* En esta fase no se espera beneficio, solo dar a conocer el producto.

- *Fase de crecimiento.* En esta fase el objetivo es aumentar el número de consumidores; para ello se incrementa el gasto en publicidad para ser más persuasivo.

- *Fase de madurez.* En esta fase las ventas se empiezan a estabilizar en el mercado y se comienzan a percibir los mayores beneficios; esta es la fase de mayor rentabilidad, pero hay que mantenerse y luchar con la competencia para no perder cuota de mercado.

- *Fase de declive.* Las ventas comienzan a disminuir, ya que los consumidores se sienten atraídos por productos más innovadores; por tanto, la rentabilidad para la empresa decae y es necesario refundar el producto mediante estrategias de marketing para que vuelva a captar el interés de los consumidores.

La representación gráfica de la variación de la demanda a través del tiempo se representa en la Figura 3.11.

Adoptar estrategias que maximicen el valor es complicado desde un único punto de vista. Para ello, se establecen diferentes unidades estratégicas de negocio (UEN) en la empresa y se establece una estrategia común pero diferente.

Las UEN muestran características tales como disponer cada una de ellas de una planificación independiente que permita mantener competencias propias dentro de la unidad.

Figura 3.11. Ciclo de vida del producto

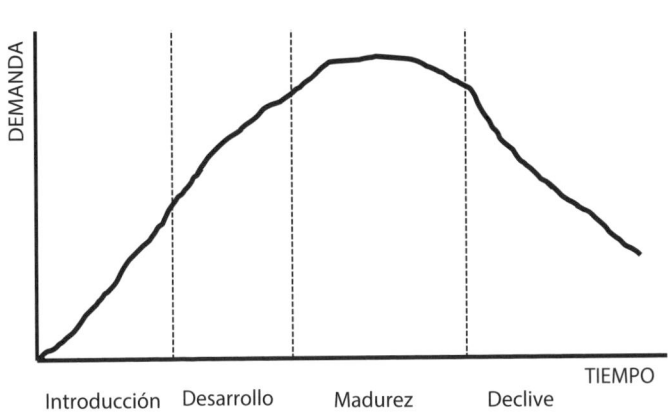

Fuente: Arranz, Fernández, & Pérez (2010).

En paralelo, el gerente de la unidad, es el encargado de realizar la planificación estratégica de la unidad y velar por la consecución de los beneficios mediante políticas de control que le permita realizar el seguimiento.

En su análisis se suelen utilizar dos dimensiones estratégicas, una de ellas relacionada con la posición competitiva (interna) y el atractivo de la industria (externa). Existen diferentes tipos de matrices y la diferencia entre ellas es cómo miden cada dimensión.

El uso de estas matrices no es determinante, solo orientativo, ya que es un análisis limitado y no profundiza en exceso. Sin embargo, están diseñadas para conocer el posicionamiento en el mercado de la empresa en relación con la competencia y el interés de las actividades para la empresa.

Para ello, en la matriz BCG (Boston Consulting Group), se relacionan la posibilidad de tener ventajas competitivas a través de la segmentación por distintas variables como productos, canales o tipo de clientes en relación con la importancia de las ventajas competitivas.

Según esto, se definen cuatro entornos genéricos:

- *Concentrados*. Existen pocas fuentes de ventaja competitiva y la competencia se basa en el coste. Se da en economías de escalas y conduce a tener pocos competidores.

- *Especializados*. Existen muchas fuentes de ventajas competitivas. La competencia se basa en la diferenciación y suelen tener una amplia base de clientes.

- *Fragmentados*. Existen muchas fuentes de ventajas competitivas, pero son de pequeño tamaño. Las empresas del sector también son de tamaño pequeño, ya que las barreras de ingreso son bajas.

- *Estancados*. Los competidores utilizan estrategias similares al tener poca capacidad de diferenciación; suele darse en sectores maduros y la única vía para la supervivencia es la guerra de precios.

A continuación, se puede ver la relación entre los segmentos descritos en la siguiente ilustración:

Figura 3.12. Matriz BCG

Importancia de la ventaja competitiva

		Pequeño	**Grande**
Número de posibles ventajas competitivas	**Muchas**	**Fragmentación**	**Especialización**
	Pocas	**Estancamiento**	**Concentración**

Fuente: Arranz, Fernández, & Pérez (2010).

El modelo de BCG o matriz de portafolio analiza la situación de las distintas unidades de negocio de una empresa en relación con el crecimiento de mercado y su participación en él. Su objetivo se basa en determinar qué unidades de negocio o productos generan rentabilidad y cuáles necesitan financiación.

La representación gráfica se basa en determinar cuatro tipos de posición competitiva o productos, entre los que hay que identificar el producto estrella, el interrogante, el producto perro y el producto vaca.

- *Estrella.* Si el producto está en buena posición competitiva y el mercado está en crecimiento, el producto se llama «estrella»; de aquí lo de «producto estrella de la empresa». Si el producto está en esta posición, no quiere decir que necesariamente sea el más rentable y por ello el objetivo es convertirlo en un producto «vaca».

- *Interrogante.* En esta fase, el producto presenta una posición competitiva baja y un mercado de crecimiento elevado; por tanto, se deben aportar recursos para mejorar la posición frente a la competencia.

- *Vaca.* En esta fase, el crecimiento del mercado se vuelve más lento, pero la empresa puede empezar a recoger recursos de su producto si ha conseguido mantener una buena posición competitiva. Como el mercado no requiere una elevada inversión para su desarrollo y el producto es aceptado, la empresa puede mantenerse en una posición de recogida de beneficios.

- *Perro.* Si en un mercado de lento crecimiento la empresa pierde su posición frente a la competencia, tendrá lo que se llama un producto «perro». Es un buen momento para plantearse eliminar el producto.

A continuación, en la Figura 3.13, se puede observar la matriz.

Esta matriz no es la única utilizada. Existe otra matriz desarrollada por General Electric y Mckinsey Consulting que toma como referencia el modelo del BCG y le añade un mayor número de variables.

Figura 3.13. Matriz BCG: crecimiento en el mercado frente a cuota de mercado

Estrella	Interrogante
Vaca	Perro

Fuente: Elaboración propia (2022).

Este modelo determina nuevas posibles situaciones en las que está la empresa, teniendo en cuenta su posición competitiva y el atractivo del sector. Algunas de las variables posibles para determinar la posición en el eje de abscisas son:

- participación en el mercado,
- calidad del producto,
- economía de escala,
- curva de la experiencia,
- imagen de la empresa,
- tecnología propia,
- red de distribución.

En el eje de ordenadas se clasifican los negocios por el grado de atractivo con variables como las siguientes:

- crecimiento de mercado,
- situación de la competencia,

- costes de entrada,
- rentabilidad.

Y ambos ejes se ordenan en bajo, medio y alto. Por tanto, la matriz básica tiene la representación gráfica que aparece en la Figura 3.14.

Figura 3.14. Matriz GE-McKinsey

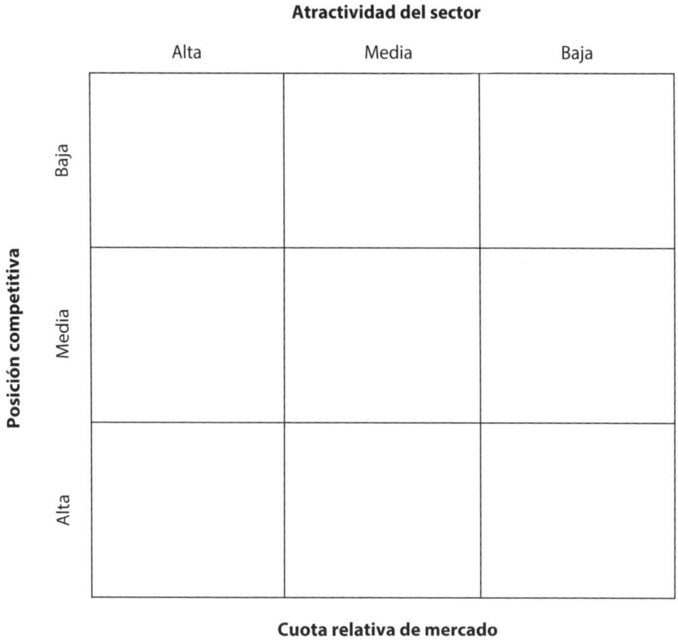

Atractividad del sector

Fuente: Arranz, Fernández & Pérez (2010).

Dicha matriz ayuda en la toma de decisiones; como resultado de las variables, dependiendo en la situación en la que se encuentren de la matriz, se aconsejan diferentes acciones que se pueden ver en la Figura 3.15.

Figura 3.15. Matriz GE-McKinsey acciones derivadas del análisis

INVERTIR	INVERTIR	PROTEGER
INVERTIR	PROTEGER	COSECHAR
PROTEGER	COSECHAR	DESMANTELAR

Fuente: Elaboración propia (2022).

3.5. La cadena de valor

La cadena de valor describe y revisa las actividades para determinar las ventajas competitivas de la empresa. Concretamente, ha estudiado las actividades primarias y secundarias o de soporte para producir valor al cliente en el producto/servicio resultante al final de la cadena.

La empresa debe internamente realizar este análisis por grupos de tareas para revisar si los procesos que las componen cumplen con los criterios de eficacia y eficiencia, ya que la empresa debe ofrecer un valor que le permita obtener un beneficio o margen cuanto más alto, mejor.

Las actividades primarias son aquellas actividades necesarias para generar valor en las distintas actividades de fabricación del producto. No es obligatorio aplicar todas ellas. Las actividades primarias son las siguientes:

- *Logística.* Comprende aquellas tareas relativas a la gestión del transporte y la recepción de la materia prima.

- *Producción.* Comprende el proceso de transformación de la materia prima en el producto final.

- *Marketing y ventas.* Estrategias aplicadas de *marketing mix* para generar mayor visibilidad y posicionamiento en el mercado. Todo ello dirigido a la mejora de comunicación del producto.

- *Servicio.* Abarca todo lo relativo al servicio postventa o de garantías y mantenimientos.

Para que esas actividades puedan llevarse a cabo, es necesaria una gestión transversal de tareas auxiliares a los propios procesos primarios llamadas *actividades de soporte o apoyo*:

- *Infraestructuras.* Se incluyen todas aquellas actividades de gestión necesarias para dar respuesta a las necesidades administrativas y de planificación de los recursos.

- *Recursos humanos.* Se incluyen todas aquellas actividades de gestión de personal necesarias como mano de obra. Las tareas comprenden desde fases de reclutamiento y captación hasta el cuidado y la formación de las personas cuando son parte de la plantilla.

- *Desarrollo de la tecnología.* Se incluyen todas aquellas actividades que necesitan a la tecnología para que la empresa pueda seguir su proceso productivo.

- Abastecimiento. Se incluyen todas aquellas actividades relativas a la fase de compras. Tener adquirido todo lo necesario para que el proceso de producción se pueda llevar a cabo.

El objetivo de uso de estos procesos es crear valor para el cliente, lo que se traduce en un margen entre lo que se acepta pagar y los costes en los cuales se ha incurrido. Como se ha analizado en las cinco fuerzas de Porter, si el valor que se aporta en cada eslabón está equilibrado, la competencia será muy fuerte con disminución de márgenes en todos los miembros de la cadena (Arranz, Fernández, & Pérez, 2010).

La representación gráfica de la cadena de valor se detalla en la Figura 3.16.

Figura 3.16. Cadena de valor

Fuente: Porter (2001).

Actualmente, la cadena de valor se ha visto modificada por una nueva forma de gestión. Las organizaciones tienden a ser más responsables y transparentes, y apuestan por un liderazgo ético. Además, la sociedad y concretamente los clientes demandan mayor responsabilidad en los procesos de producción.

Las organizaciones han comenzado un proceso de transformación que respete los ODS (Objetivos de Desarrollo Sostenible), promulgados por las Naciones Unidas y adoptados por un amplio conjunto de países, entre ellos gran parte de los que pertenecen a la Unión Europea, con horizonte 2030. Gestionar responsablemente los sistemas de producción de bienes y servicios de la organización desde el marketing es una de las nuevas tareas que se están implementando en las empresas.

3.6. *Marketing mix*

En 1953, Neil Borden transformó el mundo de los negocios cuando articuló la estrategia de *marketing mix* en su discurso presidencial de la AMA.

De todas las descripciones de *marketing mix*, la más popular ha sido la propuesta por McCarthy (1960), las 4 P: producto, precio, promoción y plaza.

El *marketing mix* es el conjunto de variables, instrumentos o herramientas, controlables o a disposición del gerente de marketing, que se pueden coordinar, manejar, manipular o combinar en un programa de marketing y que tienen los siguientes objetivos:

- Producir, alcanzar o influir sobre la respuesta deseada en el mercado objetivo.
- Lograr los objetivos de marketing de la empresa.
- Satisfacer al mercado objetivo.

¿Quién forma el *marketing mix*? El modelo de las 4 P, pese a ser considerado en muchos aspectos un modelo limitativo e incluso superado, aún es la gran referencia en el marketing académico y en la práctica profesional.

Existen interpretaciones que alientan por el estudio de más P en este modelo, proponiendo incorporar al modelo de las 4 P un modelo basado en las 7 P que contemple las personas, los procesos y la evidencia física (*physical evidence*). Por otro lado, también se apunta a incorporar la variable *planet* debido al gran impacto del medioambiente en las acciones empresariales. Sin embargo, en esta ocasión, nos centraremos en el modelo clásico de las 4 P, que es el utilizado hasta el momento en los planes de marketing.

Producto

El producto supuso los orígenes del intercambio y se ofrece en el mercado a cambio de dinero u otro producto similar. Kotler define tres niveles:

- *Producto básico:* Es el beneficio que el cliente busca cuando lo adquiere, es decir, que cumpla con el factor utilidad para satisfacer su necesidad.

- *Producto real:* Incorpora elementos adicionales, como el envoltorio, las etiquetas, el envase, etcétera.

- *Producto aumentado:* Incluye beneficios adicionales, como distribución, servicio postventa o condiciones de financiación, entre otros, es decir, mejoras alrededor del producto que enriquecen la experiencia de compra.

La clasificación que se hace del producto según el uso es una de las formas más habituales de estudio de su tipología. Se dividen en las siguientes categorías:

- *Productos de consumo* son aquellos comprados por el consumidor final para su propio uso. A su vez, se dividen en las siguientes categorías:

  - *Producto de conveniencia* son aquellos que el consumidor compra de forma frecuente y son bienes sencillos de conseguir.

  - *Producto de compra esporádica* son aquellos que implican un desembolso mayor, y el consumidor se informa de las características y de las opciones disponibles en el mercado.

  - *Productos de especialidad* son aquellos en los que el consumidor siente preferencia por una marca en concreto y no acepta productos sustitutivos.

  - *Productos no buscados* son aquellos cuya adquisición aún no contempla el público al no ser conocidos o bien por falta de interés.

- *Productos organizacionales* son aquellos que se adquieren para utilizarlos en el ámbito de la industria o en un proceso de producción.

Precio

Para un consumidor, el precio es la cantidad de dinero que se entrega para adquirir un producto o servicio. Sin embargo, para el marketing, tiene una doble vertiente: por un lado, es un instrumento que proporciona ingresos, ya que el resto de los elementos suponen gastos, y por el otro es una de las armas más poderosas para ser competitivo. El precio se enfrenta a factores internos y externos que interfieren en su fijación. Por ejemplo, la legislación, los costes, el ciclo de vida del producto o la competencia, entre otros.

Para determinar el precio, la empresa utiliza principalmente tres valores:

- *Costes*. Hay que considerar los costes de producción fijos y variables para calcular la rentabilidad.

- *Valor percibido*. El cliente debe percibir utilidad para estar dispuesto a pagar por el producto. A mayor percepción de valor, mayor margen tiene la empresa en la fijación de precios.

- *Competencia*. El mercado da la referencia de cuánto pagar y qué propuesta de valor se está ofreciendo. En función de ello, se debe establecer la estrategia de precios de nuestro bien.

Las estrategias que existen para la fijación de precios son las siguientes:

- *Estrategia para nuevos productos*. Los nuevos productos tienen un doble objetivo: por un lado, captar clientes y, por el otro, desalentar a la competencia. Para ello, pueden utilizar dos estrategias:

  - Estrategia de desnatación. Se basa en precios elevados aprovechando el lanzamiento de un producto innovador, dirigido a una clase económica alta que busca exclusividad.

– Estrategia de penetración. Se trata de poner precios reducidos para penetrar rápidamente en el mercado y esto supone una barrera de entrada para nuevos competidores. Es una estrategia adecuada para conseguir una amplia cuota en el caso de que el producto no sea novedoso.

• *Estrategia para una línea de productos.* Orienta las estrategias para maximizar el beneficio del conjunto, no de una línea particular, a través de las siguientes estrategias.

– Fijación de precios a una línea de productos. Se trata de poner intervalos de precios entre los distintos modelos de una línea de productos.

– Fijación de precios a productos cautivos. Se trata de establecer relaciones entre productos, de tal manera que uno implica el uso del otro para funcionar. Ejemplo: la máquina Nespresso solo era compatible con cápsulas de la misma marca.

– Fijación de precios por lotes o paquetes. Es una estrategia de precios en la que se agrupan varios productos o servicios y se venden juntos a un precio total inferior al que costarían por separado. El objetivo es incentivar la compra conjunta, aumentar el valor percibido y mejorar la rentabilidad.

De esta forma, los productos que más salida tienen se venden conjuntamente con los productos que menos salida tienen.

• *Estrategia de precios psicológicos.* Los consumidores asocian un precio elevado a una alta calidad. La estrategia de no redondear el precio responde a que el consumidor siempre lo asocia a la decena anterior, percibiendo una mejor oferta. Sin embargo, el consumidor también se fija en los precios de alrededor para establecer referencias en su mente.

• *Estrategias de precios frente a la competencia.* El mercado establece unos precios de referencia y, para entrar, se necesita adoptar las estrategias en relación con el resto de los competidores.

- *Estrategias de discriminación de precios.* Consiste en la fijación de precios en función de la demanda.

- *Estrategia de precios geográficos.* Las empresas, dependiendo del lugar de distribución del producto, pueden adoptar precios distintos por el nivel adquisitivo de la zona.

- *Estrategia de precios dinámica.* Se realiza una fijación de precios que es la misma para todos los consumidores. Sin embargo, algunas empresas adaptan los precios a las circunstancias.

Promoción

El proceso de promoción se basa en el ámbito de la comunicación. En cualquier proceso de comunicación básico, se distinguen cinco componentes:

- Emisor de la información.

- Mensaje que transmitir.
  - Directo: Consiste en la descripción de las propiedades del producto.
  - Indirecto: Es a través de imágenes o mensajes que no describen las propiedades del producto.

- Canal a través del cual se transmite el mensaje.

- Receptor o destinatario del mensaje.

- Respuesta del receptor al mensaje.

Sin embargo, ese ciclo, que es válido para cualquier interacción, en el proceso comercial tiene mayor complejidad. Kotler y Armstrong (2017) especifican las fases comerciales que debe seguir para la venta (ampliado en el capítulo 6). Las fases son las siguientes:

1. *Especificar los objetivos de comunicación* en función de qué metas se desean obtener. Los objetivos de comunicación no deben expresarse en objetivos de venta, ya que no es algo

exclusivo de la comunicación, sino de todas las variables del *marketing mix*.

2. *Delimitar el público objetivo y determinar qué objetivos se quieren alcanzar* con cada grupo. Los esfuerzos de comunicación se deben dirigir al público objetivo intermedio, es decir, los que tienen influencia sobre el usuario final, y el público objetivo final, aquellos grupos a los cuales la empresa dirige sus esfuerzos de comunicación.

3. *Selección de la estrategia de comunicación* entre las estrategias *push* o *pull*.

   • La estrategia *push* implica a los públicos objetivos intermedios, los mayoristas y minoristas, a los cuales se les pide ayuda para incentivar la compra entre sus clientes.
   • La estrategia *pull* implica a los públicos objetivos finales e intentan potenciar la demanda por su parte.

4. *Determinar la mezcla de comunicación para planificar los instrumentos que van a utilizarse en el plan de comunicación.* Para ello, se cuenta con instrumentos como la publicidad, la promoción de ventas, las relaciones públicas, la venta personal y el marketing directo.

5. *Establecer el presupuesto y la distribución* a través de dos métodos:

   • *Métodos mecánicos.* Se establece un porcentaje de mejora sobre datos procedentes de históricos, analizando la tendencia.
   • *Métodos estimativos.* Se pueden realizar de forma arbitraria, estableciendo un presupuesto en función de la competencia existente o en función de las tareas necesarias para cumplir los objetivos de comunicación.

6. *Control del proceso de comunicación* a través del grado de consecución de los objetivos en relación con los resultados esperados y especificados en el plan.

Plaza

La mayoría de los fabricantes trabajan con intermediarios para introducir sus productos en el mercado. De esta manera, constituyen un canal de distribución con el objetivo de que el bien llegue al consumidor.

Para ello, cuentan con distintas funciones:

- *Función de transporte* con desplazamientos desde el lugar de fabricación hasta el de compra.

- *Función de fraccionamiento* para mandar los lotes requeridos de producto.

- *Función de diversificación* para ofrecer al cliente un surtido de productos procedente de distintos lugares de fabricación

- *Función de almacenamiento,* debido a la que la oferta y la demanda se establecen en distintos espacios temporales. En este sentido, la distribución logística es ayudada con herramientas de *software* que permiten gestionar el *stock* y la demanda de forma eficiente.

- *Función de servicios,* pues en ocasiones el distribuidor ofrece algún servicio adicional en la entrega del producto. Por ejemplo, retirar productos antiguos o proporcionan servicios de instalación

- *Función de financiación,* ya que los intermediarios pagan a los fabricantes según reciben el producto, sin esperar a su comercialización. Esto permite a los fabricantes tener liquidez para producir más bienes.

- *Función de asunción del riesgo,* ya que el intermediario asume el riesgo de no vender el producto ya pagado.

El diseño de la estrategia de distribución implica tomar decisiones en distintos ámbitos.

- *Estructura vertical del canal,* que se caracteriza por el número de niveles que separan al fabricante del consumidor final, lo que permite conocer si el canal es directo (sin intermediarios) o indirecto (con intermediarios). A su vez, el canal indirecto puede ser corto si solo existe un nivel en la intermediación o largo en el caso de que haya más de un nivel.

- *Estructura horizontal,* donde se distinguen las siguientes modalidades:

  - *Distribución intensiva,* cuando hay un alto número de intermediarios con el objetivo de llegar al máximo número de clientes.

  - *Distribución selectiva,* cuando el productor selecciona un número de intermediarios inferior en un momento del proceso por algún motivo específico, como puede ser porque uno de ellos tiene mejor red, o bien porque es muy eficaz o por el servicio postventa que ofrece.

  - *Distribución exclusiva,* con la que se otorga a un distribuidor el derecho de vender un producto determinado y no compartir el espacio con la competencia.

- *Estrategia de coordinación de los canales* a través de dos variables:

  - *Estructura convencional,* donde los elementos que componen el canal de distribución se comportan de forma independiente

  - *Estructura coordinada,* donde todas las funciones de distribución se realizan en común.

- *Estrategia de comunicación de los canales.* Como se ha visto en el anterior punto de comunicación, se pueden adoptar estrategias *push* y *pull* con los intermediarios.

Microejercicio. Aplicación de estrategias de marketing y creación de valor

a) Objetivo del microejercicio

Aplicar los conceptos clave del capítulo para analizar una situación empresarial y proponer estrategias de marketing y creación de valor que mejoren la competitividad de una empresa en un mercado determinado.

b) Preguntas

- **Identificación de estrategia.** Una empresa emergente del sector tecnológico desea lanzar un nuevo producto al mercado. ¿Qué tipo de estrategia de entrada recomendarías: desnatación o penetración? Justifica tu respuesta considerando el ciclo de vida del producto y el entorno competitivo.

- **Propuesta de valor.** Define una propuesta de valor para un producto de consumo masivo (por ejemplo, una bebida energética) utilizando los elementos del mapa de valor (generadores de ganancias, aliviadores de dificultades y productos/servicios).

- **Análisis de competencia.** Utilizando el modelo de las cinco fuerzas de Porter, identifica dos amenazas clave que podría enfrentar una empresa de moda sostenible que vende exclusivamente *online*. ¿Qué estrategias podría adoptar para mitigar estas amenazas?

- **Matriz BCG.** Una empresa tiene cuatro productos: uno con alta cuota de mercado en un sector en crecimiento, otro con baja cuota en un mercado maduro, uno más con baja cuota en un mercado en crecimiento y otro con alta cuota en un mercado estable. Clasifica cada producto en la matriz BCG y sugiere una acción estratégica para cada uno.

c) Conclusiones

Este ejercicio permite al lector:

- Comprender cómo aplicar herramientas estratégicas como el *marketing mix*, las cinco fuerzas de Porter y las matrices BCG.

- Desarrollar pensamiento crítico para tomar decisiones estratégicas basadas en el análisis del entorno y los recursos.

- Valorar la importancia de la propuesta de valor como elemento diferenciador en mercados competitivos.

- Reconocer la necesidad de adaptar las estrategias según el ciclo de vida del producto y la posición competitiva.

Capítulo 4

El nuevo consumidor y la creación de valor a través del marketing

Los consumidores están inmersos en un entorno que pretende captar su atención de forma constante. Los comportamientos diferenciados son la respuesta para lograr producir cambios que llamen la atención de clientes potenciales. Sin embargo, estas estrategias deben reinventarse cada cierto tiempo debido a la irrupción de nuevas generaciones que reclaman nuevos modelos de consumo.

Las generaciones son periodos con acontecimientos en común. En ocasiones es difícil diferenciar la fecha exacta entre ellos, ya que están marcados por la irrupción de nuevos estilos de vida o formas de ver el mundo.

Esto tiene como consecuencia información derivada para obtener patrones de comportamiento en las distintas generaciones que actualmente conviven. Existen rasgos característicos en cada una de ellas, que responden a la cultura del momento. A continuación, se señalan las coexistentes junto a los periodos aproximados que componen cada una de ellas:

- *Generación silenciosa (1930-1948)*. Se desarrollan en una circunstancia de conflicto bélico, ya que hasta 1945 no finaliza la segunda guerra mundial (1939-1945). Es una etapa marcada por la austeridad, el trabajo duro y el esfuerzo.

- *Baby boom (1949-1968)*. Comienza una etapa de recuperación económica y expansión demográfica, ya que, en tiempos de paz, la población comenzó a tener más hijos debido a un periodo de mayor estabilidad.

  Son la generación que más personas agrupa actualmente en España. Están marcados por acontecimientos tan importantes como la llegada del hombre a la Luna (1969), entre otros. Es una etapa marcada por el interés hacia la prosperidad económica y social.

- *Generación X (1969-1980).* En esta etapa surge la transición española, es decir, se deja atrás la dictadura liderada por Francisco Franco y se establece la primera etapa del reinado de Juan Carlos I, como rey de la democracia, respetando los valores de la Constitución española promulgada en 1978.

  Son la generación que lucha por desarrollarse con modelos de trabajo que les permitan tener éxito a través de profesiones especializadas. En esta época empiezan a utilizarse los ordenadores como herramienta de trabajo. Actualmente estas personas se han adaptado al uso de los *smartphones*, pero no muestran tanta dependencia como las generaciones posteriores.

- *Generación Y: millennials (1981-1993).* Esta etapa está marcada por la digitalización y la globalización. En Europa se adoptan los mismos valores y no existen diferencias significativas entre los países occidentales. Son una generación a la que se tacha de buscar la comodidad, aunque se les atribuye un impulso de la vida sana.

- *Generación Z (1994-2010).* Esta etapa está marcada por altas tasas de paro y por la conexión a la tecnología y a las redes sociales. La impaciencia y la inmediatez definen a una generación mucho más individualista.

- *Generación alpha (2010-2020).* Los nativos digitales, conectados de forma continua a Internet, son muy visuales e independientes.

La evolución de las generaciones supone una reinvención en las estrategias de captación y satisfacción del consumidor actual, lo que supone un reto empresarial.

Las necesidades determinan la adopción de un producto/servicio en el mercado, y estamos ante diferentes y nuevos perfiles de consumidores. Concretamente, desde la generación X y con una incidencia más fuerte en cada nueva generación, se rotulan los perfiles del consumidor digital, que se dividen en los siguientes grupos:

- *Consumidor no nativo digital (generación silenciosa y baby boomers)*. Es un perfil reacio al uso de la tecnología.

- *Consumidor nativo digital* (nacidos a partir de 1990). Es un perfil colaborativo, que interactúa, comparte información y visualiza mucho contenido en soporte de vídeo.

Esta diferenciación también se traslada a las empresas a través de dos grupos diferenciados.

- *Empresas no nativas digitales*. En un primer momento, les ha costado la adopción de las estrategias de marketing digital, aunque ahora lo conciben como una oportunidad.

- *Empresas nativas digitales*. En un inicio, no tienen modelos de negocio ni de monetización, pero se muestran muy colaborativas entre los negocios pequeños y digitales. Habitualmente, compran las empresas tradicionales que se han quedado atrás en la reinvención, pero que aún cuentan con una cuota de mercado lo suficientemente amplia para continuar con un modelo que aporta valor, pero con una perspectiva digital.

De estas evoluciones y relaciones de los consumidores con la empresa, surgen los siguientes conceptos en el mundo del marketing:

- *Crossumer*. El *crossumer* nace también del inglés *cross* (cruzar) y *consumer* (consumidor) y cruza el límite normal que tendría un consumidor con cualquier empresa anunciante. Este fenómeno se produce debido a que los mercados hoy en día son mucho más transparentes gracias a Internet. Por lo tanto, el consumidor accede a mucha información sobre una marca. Además de esta información, el consumidor extrae experiencia de compra de otros clientes (Moro & Fernández, 2020).

- *Prosumer*. *Prosumer* se define como la contracción de dos palabras que son *producer* (productor) y *consumer* (consumidor).
Esta nueva palabra surge a raíz de las nuevas tecnologías, que
introducen el diálogo entre el consumidor y la marca. El *prosumer* en esta nueva era digital se convierte en el nuevo defen-
sor del consumidor, encabezando boicots desde las redes
sociales como detractores cuando detectan engaños (Moro &
Fernández, 2020).

Es innegable que la digitalización ha sido un punto de inflexión
en el comportamiento social. Sin embargo, desde 2019, nos enfrentamos a una pandemia mundial, que ha contribuido a acelerar las
estrategias digitales y ha provocado un cambio de pensamiento en
los consumidores actuales ante la incertidumbre provocada por una
posible crisis económica derivada de confinamientos estrictos. No
hay que olvidar que los consumidores se encuentran afectados por
el entorno.

Todos estos factores del entorno hacen que las empresas se plan-
teen: ¿qué va a pasar con el consumo?, ¿qué motivaciones tienen
en este escenario mis clientes?, ¿seguirán comprándome a mí? Las
estrategias cambian ante la incertidumbre. La disciplina está prepa-
rándose ante nuevas segmentaciones de clientes, que han cambiado
el patrón de consumo a consecuencia de la covid-19.

Tanto es así, que provoca estudios por parte de *ThinkwithGoogle*
(2020), compañía derivada de Google, basados en la vigilancia del
mercado. Su labor es aconsejar para comprender y adelantarse a
las necesidades del cliente en este nuevo ciclo. Además, estudian y
segmentan los nuevos consumidores postpandemia y los dividen en
los siguientes tipos:

- *Shockeado*. Este perfil aún tiene miedo y piensa hacer un gasto
menor, ya que no confía en la recuperación.

- *Resistente*. Este perfil, mayoritariamente de mujeres, son
positivas y tienen una intención de gasto igual a los niveles
prepandemia.

- *Asustado.* Este perfil, mayoritariamente de mujeres, después de la pandemia dedican más tiempo a sí mismas. Buscan consumir de manera sostenible.

- *Expectante.* Este perfil, busca seguir manteniendo el mismo nivel de consumo y seguir con los hábitos prepandemia.

- *Empoderado.* Este perfil se sitúa en su mayoría en la franja de los cuarenta años. Ha salido reforzado de la pandemia y tiene una intención de compra mayor que al inicio.

Google estudia el porcentaje de población que se encuentra dentro de tales categorías, con el fin de adaptar sus estrategias de *marketing mix* a la nueva realidad para continuar manteniendo los niveles de competitividad y así obtener nichos de mercado que responden a una hipersegmentación. En este ejemplo de Google, se refleja la preocupación por monitorizar el mercado de forma constante para obtener inteligencia competitiva a través de la vigilancia tecnológica.

4.1. Comportamiento del consumidor digital

Las áreas de la psicología y la sociología han estudiado el comportamiento humano y, de forma más concreta, el comportamiento del consumidor. Estas disciplinas defienden que pueden derivarse los parámetros de comportamiento de los humanos ante distintas situaciones.

Sin embargo, al tratar con personas, el sesgo de las variables cualitativas supone limitaciones tanto por la subjetividad del usuario como por la subjetividad que puede derivarse del propio científico. Los sesgos pueden aparecer, derivados de falsas percepciones, malentendidos en el uso de gestos y palabras, interpretaciones erróneas y un largo etcétera que va implícito en la propia naturaleza de la parte cualitativa.

No obstante, desde estas áreas de estudio, se ha llegado a la conclusión de que los humanos sentimos motivaciones que nos llevan a la toma de decisiones. Precisamente es la motivación la encargada de generar respuestas ante un proceso de compra. Estas motivaciones pueden ser de dos tipos:

- *Motivaciones intrínsecas,* es decir, las motivaciones que cada propio ser humano posee.

- *Motivaciones extrínsecas,* condicionadas por el entorno y derivadas de *inputs* externos.

Para estudiar el comportamiento del consumidor, es necesario tener muy claros los siguientes conceptos:

- *Necesidades:* Carencia básica que debe de solventar.

- *Deseos*: Intención de actuar para cubrir una necesidad que satisfacer.

- *Demandas*: Deseo de productos específicos en función del poder adquisitivo.

Igual que sucede para satisfacer las necesidades básicas del ser humano, las empresas lo utilizan para poner en nuestro conocimiento que tenemos una carencia que debe ser satisfecha. A esto se le denomina *perversión del marketing.*

Se puede afirmar que las necesidades impulsan de forma más o menos consciente las conductas de compra, ya que surgen de estímulos percibidos en el entorno social donde se mueve el consumidor. Mediante la compra, se crea un estado de no frustración al adquirir el producto y solucionar el conflicto que produce el desequilibrio.

A continuación, en la Figura 4.1, se observa el proceso secuencial que desemboca en la actividad de compra.

Las necesidades deben ser estudiadas por el marketing para comprender en profundidad al ser humano y acercarse a él. Maslow distingue a través de su pirámide, ampliamente aceptada por la comunidad, cinco niveles de necesidades humanas que no tienen la misma importancia. Por ello, en su modelo distingue entre necesidades primarias y secundarias.

Figura 4.1. Proceso de la actividad de compra

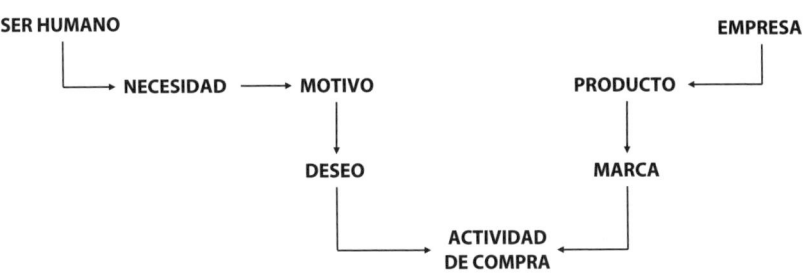

Fuente: Rivas & Esteban (2010).

Las necesidades primarias son básicas para la supervivencia. Son las siguientes, explicadas desde la más elemental en primer lugar.

1. *Necesidades fisiológicas* son aquellas como el hambre y el sueño, que nos permiten sentirnos en equilibrio.

2. *Necesidades de seguridad* son aquellas como protección física, estabilidad o ambiente limpio, que nos permiten desarrollarnos.

En otro orden, cubiertas las anteriores, se establecen las necesidades secundarias:

3. *Necesidad de pertenencia* consiste en tener amistad, amor y ser aceptado por el grupo para no desarrollar sensaciones de inadaptación.

4. *Necesidad de estima* consiste en tener una posición de estatus que produce respeto en los demás, provocar admiración o tener prestigio.

5. *Necesidad de autorrealización* es el último de los niveles. El ser humano, aunque tenga todo lo anterior cubierto, necesita nuevos retos que le permitan seguir desarrollándose.

Según esta categoría de necesidades, el papel del marketing es centrarse en conocer en qué necesidad no cubierta se encuentran los consumidores objetivos para adaptar su oferta a la demanda de los clientes.

De hecho, la sociedad de la información ha revolucionado las distintas formas de consumo. El cliente cada vez tiene más poder, ya que las estrategias de las empresas se centran en sus necesidades, y establecen con sus consumidores una comunicación constante y bidireccional que ayuda a detectar las necesidades.

Por otro lado, los clientes están más informados. No solo porque las empresas crean contenido dirigido a ellos, el cual les aporta utilidad, sino que también cuentan con conocimiento derivado de las *reviews* y experiencias de otras personas que han interactuado previamente con el producto/servicio como un importante *input* de análisis.

De hecho, las organizaciones son cada vez más transparentes en todos sus procesos. Los consumidores están informados de los materiales utilizados, las normativas, los sellos de la calidad con los que se cumplen, y todo ello otorga una confianza y unas relaciones más estrechas en el acceso a los servicios y productos, y posibilita un intercambio de productos más instantáneo y activo, teniendo en cuenta la opinión de los consumidores de forma directa para los fabricantes. Esto es útil para la mejora continua del producto o servicio.

Y es que la influencia va más allá de la propia página web, ya que las compañías cuentan con canales instantáneos de acceso a la información. Las empresas son conscientes de la impaciencia de los clientes y de la inmediatez que demandan; por ello mejoran sus canales de forma constante, ofreciendo un servicio en tiempo real a través de elementos como *chatbots*.

En la siguiente imagen, Figura 4.2, se muestran los pilares de la revolución digital del consumo.

Figura 4.2. Revolución digital del consumo

Fuente: Elaboración propia (2022).

4.2. Cultura y subcultura

La cultura es un elemento que debe ser entendido por las variables del marketing, ya que el pensamiento de los consumidores conforma la propia sociedad donde se desarrollan.

Tanto es así que marcas como McDonald's utilizan sus famosas hamburguesas en unos países con una composición y en otros países con otra. Es decir, no pueden hacer hamburguesas de vacuno y venderlas en la India. La vaca en este país es un animal sagrado, por lo que, de acuerdo con su cultura, la marca se enfrentaría a una crisis de imagen y reputación, y su producto no tendría salida.

Por ello, el marketing y la cultura deben ser estudiados de forma conjunta, ya que determinan el éxito empresarial y de sus productos.

Según, Rivas y Grande (2010, p.15),

> La cultura es ese todo complejo que incluye conocimiento, creencia, arte, ley, moral, costumbre y cualquier otro tipo de capacidades y hábitos adquiridos por el hombre como miembro de una sociedad. Desde nuestra óptica podemos entender a la cultura, en un sentido amplio, como conjunto de valores, ideas, actitudes y otros símbolos significativos creados por el ser humano para dirigir su propio comportamiento y los procedimientos de transmisión de este caudal de generación en generación.

Por tanto, cada cultura tiene su identidad, y las personas que forman parte de ella no tienen por qué tener los mismos valores que las personas que no están en ella. Entonces, ¿esto significa que no somos globales? Si los comportamientos son independientes de las culturas, se puede afirmar que una misma estrategia de marketing es válida para todos. Sin embargo, cuando los comportamientos guardan dependencia con la cultura, debemos adaptar la estrategia de marketing a cada cultura; de lo contrario, será un fracaso.

No obstante, hablamos de la cultura por países, pero la realidad es que en los distintos países existen diferentes grupos homogéneos entre sí que forman macrogrupos. Precisamente estos grupos en una cultura forman las subculturas.

La subcultura supone un reto para los departamentos de marketing una vez más. Obliga a las empresas a incurrir en costes de segmentación para conocer las distintas subculturas y aplicar estrategias de diferenciación. El resultado de la heterogeneidad subcultural es que se deben realizar análisis para encontrar el mercado meta, y para ello Rivas & Grande (2010) proponen el siguiente proceso que determina una selección efectiva de cómo realizar la segmentación.

Esto deriva en estrategias globales y locales para las compañías. En el caso de que las compañías comercialicen productos que tengan poca personalización o productos fabricados en masa, típicos de economías de escala, estaremos hablando de que se pueden adoptar estrategias que no suponen problemas en implantarlas en distintos mercados.

Figura 4.3. Proceso de análisis y utilización de la heterogeneidad subcultural

1. Analizar la diversidad cultural en un grupo social determinado.

2. Identificar los tipos de subculturas existentes según nacionalidad, raza, religión o geografía.

3. Analizar sus principales diferencias culturales y de comportamiento.

4. Estudiar los perfiles de cada grupo por características demográficas, psicográficas y de comportamiento.

5. Evaluar la potencialidad de cada subcultura como mercado meta.

6. Determinar las implicaciones para el marketing y sus principales variables.

Fuente: Rivas & Grande (2010).

Para ello, se basan en la estrategia global de la organización. En este marco, se definen aspectos como:

- la misión, la visión y los valores.

- la definición del negocio y de su modelo de negocio.

- la estrategia competitiva y la estrategia de crecimiento global.

En el momento en que el producto debe adaptarse a diferentes públicos y mercados, se habla de estrategia local. Las pequeñas variaciones serán el factor de éxito para la comercialización. En este caso es de vital importancia conocer la cultura y subcultura del segmento al cual se dirige nuestro producto o servicio. En este marco, se definen aspectos como:

- La estrategia de marketing operativo (incluida la estrategia comercial).

- La adaptación del producto al mercado local: La organización y recursos humanos de la región, la estrategia financiera y los necesarios apoyos al cliente (pre y postventa).

4.3. Descubriendo al público objetivo

La segmentación de mercado es el proceso que lleva a cabo la empresa para dividir su mercado total en grupos más pequeños, homogéneos entre sí, en algunos de los factores que se han tomado como referencia, por los cuales le interesa hacer subconjuntos a la empresa.

La segmentación del mercado se realiza con el fin de crear productos/servicios que se adapten a un grupo concreto y así quitarse competidores, ya que ha sido creada *ad hoc* para satisfacer una demanda nueva que un nuevo segmento solicita y para orientar mejor los productos/servicios de los cuales ya se dispone a un segmento.

La segmentación se divide en dos grandes grupos: la macrosegmentación y la microsegmentación

- *La macrosegmentación* se basa en definir por parte de la empresa donde quiere operar cuál va a ser el posicionamiento de su producto dentro del mercado; define la actividad de la compañía y consolida la estrategia competitiva dentro de ella, dando respuestas a preguntas del tipo: ¿cuáles son las funciones que satisfacer en el mercado? ¿Qué tecnologías necesito para fabricar mi producto? ¿Quiénes son los grupos interesados en este producto?

  Es decir, todas ellas alineadas con la parte macro de la empresa, respondiendo a una estrategia en línea con el negocio.

- *La microsegmentación*, por su parte, trata de adaptarse a las necesidades de los clientes y es más volátil que la macrosegmentación, ya que responde a la parte operativa del marketing. Realiza una subdivisión de producto-mercado en subconjuntos. Para ello, utiliza criterios de segmentación que pueden estar relacionados entre sí o no. Son los siguientes (Camino & Lopez-Rúa, 2012):

- Segmentación demográfica. A su vez se divide en los siguientes factores:

  - geografía,
  - sexo,
  - edad,
  - renta,
  - otros.

- Segmentación por ventajas.

- Segmentación psicográfica.

- Segmentación comportamental.

- Segmentación por mercados industriales.

Adicionalmente, la segmentación debe responder a una estrategia. No puede centrarse únicamente en conocer al cliente, sino que debe ir más allá en relación con los productos que ofrece a cada segmento. Por ello, los criterios básicos son establecer, en función de su porfolio de productos y su orientación al mercado, alguna de las siguientes estrategias:

- *Estrategia indiferenciada*. La empresa ofrece los mismos productos a todos sus clientes, por lo que no presenta orientación al cliente.

- *Estrategia diferenciada*. La empresa presenta una estrategia diferente para cada tipo de cliente. De esta manera, cubre el mercado en su totalidad.

- *Estrategia concentrada*. La empresa sigue la línea de la estrategia diferenciada, pero se centra en un determinado segmento, por ejemplo, en la parte de productos de lujo.

Las estrategias de segmentación ponen el foco en el cliente, lo cual da lugar a que la compañía adopte estrategias *customer centric*.

Sin embargo, el enfoque *customer centric* es un cambio en las formas de trabajo de las organizaciones, ya que, en ocasiones, hay que replantearse la forma de organizarse de la empresa para adoptar una política en torno al cliente y sus necesidades.

Según Villaescusa (2014), las claves competitivas de una empresa *customer centric* son tres:

1. Hacer una adecuada segmentación de clientes y no clientes.

2. Seleccionar a los clientes *target*. Satisfacer las necesidades de las personas que ya están en el *scope* es más rentable, ya que resulta más sencillo.

3. Posicionar la oferta y la comunicación para ser más relevantes para su cliente *target*.

Según esto, las oportunidades de este cambio organizativo radican en derribar silos que suponen que cada área tenga unas prioridades distintas. También implican centrarse en realizar una oferta de servicios que aportan valor al cliente y, por tanto, crece la rentabilidad a través de un mejor alineamiento interno de equipos que trabajan de forma conjunta.

Precisamente, es el aumento de la satisfacción del cliente, al aumentar su percepción de valor, lo que proporciona una mayor vinculación cliente-empresa estableciendo relaciones fuertes.

Por todo esto, es importante establecer el mercado meta para la comercialización eficaz. Kotler (2003) lo define como

> el segmento de mercado al que una empresa dirige su programa de marketing. Un segmento de mercado (personas u organizaciones) para el que el vendedor diseña una mezcla de mercadotecnia es un mercado meta. La parte del mercado disponible calificado que la empresa decide captar.

Es decir que el mercado meta es la primera segmentación que se realiza sobre la totalidad del mercado. Con base en ello, se determinará el público objetivo o *target*.

Las nuevas disciplinas como el *design thinking* y la evolución del marketing buscan centrarse en el cliente a través de la definición del *buyer persona*.

Es complicado que el consultor de marketing acierte en su estrategia definiendo para un público objetivo sin personalizar, ya que los seres humanos estamos rodeados de circunstancias y contamos con numerosas particularidades. Es decir, aunque como grupo tengamos características comunes, podemos hacer grupos más pequeños si delimitamos por nuevos factores.

Por ello, el marketing utiliza el *buyer persona*, que actúa como cliente tipo al que dirigirse. A través de la personalización y de crear una historia alrededor de este cliente ficticio, es más fácil diseñar un producto que cubra todas sus necesidades. Para ello, debemos conocer al personaje gracias a unos datos tipo como los siguientes:

- Datos personales: Nombre, apellidos, edad, puesto de trabajo, localidad en la que reside, ingresos.
- Hábitos: *Hobbies*.
- Objetivo de vida.
- Frustraciones.
- Retos a los que se enfrenta.

Todo ello nos hace empatizar y acercarnos al cliente ideal. Todo el proceso lo personalizamos en distintos *buyer personas* en el caso de que nos enfoquemos en diferentes segmentos.

Necesitamos poner en contexto a nuestro cliente y para ello recurrimos a la técnica de personas y escenarios. Nuestro cliente tipo se debe desenvolver en una circunstancia concreta para usar nuestro producto o servicio. Por ello, se deben identificar y analizar dichas circunstancias tipo.

Esto nos puede dar la pista para usarlo en nuevos ámbitos en los que aún no lo hemos llevado a la práctica. Imaginemos que somos una entidad financiera y debemos comercializar un fondo de pensiones, ¿cómo me dirijo a mis distintos *buyer personas*? Buscando perfiles y circunstancias comunes para construir un argumentario:

- Antonio, un jubilado de 65 años aficionado al golf y preocupado por si el actual sistema de pensiones se mantendrá en el futuro.

- Lucía, médico de 42 años, trabaja en un hospital y, aunque su sueldo está por encima de la media española, vive en una gran ciudad y no tiene plaza fija en su centro.

- Andrés, de 50 años, directivo de su propia compañía, autónomo y lleva con su negocio 25 años. Tiene un dinero ahorrado y está pensando en su jubilación, aunque aún le quedan años para ello. Es exigente, hace deporte y está muy informado sobre el sector financiero.

Básicamente se trata de que, en Antonio, Lucía y Andrés, se sientan representados los jubilados de entre 65 y 75 años que viven en capitales de provincia, los autónomos o dueños de pymes y las personas con ingresos, pero sin estabilidad laboral.

4.4. *Customer journey map*

Una vez que conocemos al cliente ideal y el escenario, es hora de realizar el proceso completo del ciclo de compra.

Para ello, hay información específica que se pretende conseguir para conocer en detalle el proceso y estudiar sus puntos de mejora. Aplicar esta técnica tiene tres grandes objetivos:

- Mejorar el ciclo de vida del comprador (*buyer life cycle*).

- Detectar los diferentes momentos por los que pasa un cliente mediante su viaje de cliente o *customer journey*.

- Detectar los principales puntos de contacto entre cliente y producto (*touchpoints*).

El *customer journey map* permite entender de forma visual la experiencia de un cliente en un proceso concreto de la interacción con la empresa. A partir de esta representación se puede entender si los momentos por los que pasa son satisfactorios o percibe alguna frustración (puntos de dolor).

El *customer journey* es el proceso estratégico que determina cómo proceder y gracias al cual se pueden estudiar si existen variaciones que permitan mejoras una vez implantado. Conocer si el modelo funciona o no es básico para mantener los niveles de calidad para el cliente objetivo. De hecho, se construye pensando en él.

Imaginemos todos los procesos internos que existen en un restaurante. Sin embargo, el cliente viene a cenar un sábado por la noche y nos interesa saber su opinión en todos los puntos de contacto que tiene desde que le recibe el metre hasta que un empleado le acompaña a la salida. Detectar todos los momentos es el objetivo del proceso.

Precisamente, en el diseño de la experiencia, hay que tener elementos de estudio como el entorno físico, la atención que recibe de los empleados, el proceso de entrega del servicio, los clientes de alrededor para detectar los puntos de satisfacción y los que no lo son tanto. Todo lo que tiene que ver con el *front office* lo llamamos *customer journey*. Sin embargo, para tener una visión completa, deberíamos tener en cuenta lo que sucede en el *back office* si queremos solucionar el problema; a esto se le llama *blueprint*, pero no se utiliza habitualmente en marketing.

Por simplificar y siguiendo con nuestro ejemplo del restaurante, el *customer journey* se encarga de los puntos de interacción de metres, camareros y ambiente con nuestro cliente. Sin embargo, el cliente no interactúa con el cocinero habitualmente, o es una circunstancia externa si por culpa del datáfono no se puede completar el pago, ya que no está en la mano del cliente solucionarlo. Ambas situaciones impactan sobre el servicio y la satisfacción final, aunque no se produzca una interacción directa entre las partes, ya que forman parte del *back office*.

A continuación, se detalla una plantilla para detectar las necesidades del cliente, los momentos y los sentimientos que todo ello le genera durante el proceso. Estos tres elementos deben quedar reflejados al construir el *customer journey*. Se harán tantos *journeys* como procesos *front* existan.

Figura 4.4. *Customer journey canvas*

Customer journey canvas

El uso de un producto o servicio (normalmente) sólo es un medio para un fin. ¿Qué fin es ese?
¿Qué pasos está dando tu cliente antes, durante y después?   ¿Qué cliente?

Necesidades del cliente
¿Qué objetivo está intentando lograr tu cliente?
¿Cuándo experimenta la necesidad de tu solución?

Momentos clave
¿Qué aspecto tiene cada momento?
¿Cómo va a ayudar tu producto o servicio?
Prototipa cada escena en un post-it

Sentimientos
¿Cómo de satisfecho está el cliente en cada momento?
¿Qué momentos añaden valor y hacen que tu solución sea diferente?

idean

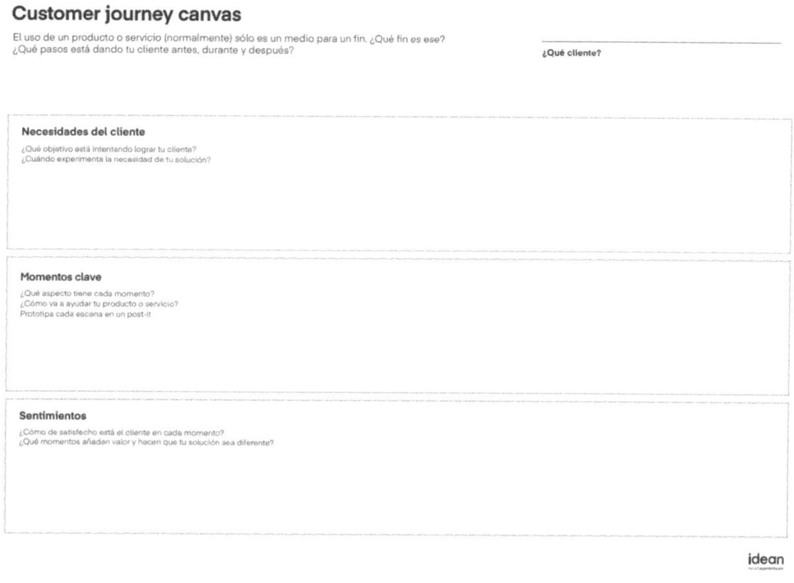

Fuente: Idean (2019).

4.5. El neuromarketing como herramienta para conocer al consumidor

En las últimas décadas, ha crecido el interés de las empresas por conocer al consumidor en profundidad, ya que esto les permite mayor acierto en las campañas comerciales y menor riesgo a la hora de desarrollar y comercializar sus productos y servicios. La influencia sobre la mente es el objetivo de las neurociencias, que están compuestas por más de veinte disciplinas cuyo objetivo común es el estudio de la estructura y el funcionamiento del cerebro.

Algunas de estas disciplinas, como la neurociencia funcional y la neurociencia cognitiva, ahondan en las profundidades del cerebro para encontrar la clave de la toma de decisiones humanas. Aplicadas al marketing, intentan responder a la pregunta de cómo atiende, percibe, almacena y elige el cerebro humano en diferentes condiciones de consumo. Y cómo se emociona y se motiva para ello.

Es importante que adaptes tu estrategia de negocio para poder hacer frente a los cambios en los comportamientos de los consumidores:

> Tras este planteamiento reside una idea fundamental: la función de marketing no persigue la venta de lo que fabrica la empresa, sino al contrario: la fabricación de lo que sea capaz de vender. Esto exige, pues, averiguar primero qué se puede vender —para que coincida con los gustos de los clientes— para entonces concebir y crear una respuesta coherente. (Sánchez, 2008).

Según los expertos, el neuromarketing, apoyado en los estudios de neurociencia cognitiva, ha descubierto que el 95% de nuestras decisiones de compra provienen del inconsciente. También afirman que no hemos llegado ni siquiera al 1% del conocimiento de la mente del consumidor.

Bacca (2020) afirma que una de las áreas donde más se avanza en la aplicación del neuromarketing es el *branding* y todas sus aplicaciones, especialmente *packaging* y *facing*. Sin embargo, Castillo & Mejía (2019) apuntan a un listado mayor, donde actualmente se está focalizando la disciplina y es el siguiente:

- diseño de marca (*branding builder*);
- testeo y diseño de empaques y etiquetas para productos (*neuropackaging*);
- testeo, validación y diseño de mensajes comunicacionales y de publicidad (*neuroAD*);
- diseño y validación de sabores y olores para la industria del sector de bebidas y alimentos (*flavour design*);

- diseño de experiencias multisensoriales para puntos de venta (*neuromarketing sense*);

- evaluación y diseño de páginas web, tiendas virtuales *ecommerces*, buscando que se diseñen con usabilidad cognitiva y que aumenten los niveles de compra impulsiva;

- estudios profundos de *insights* en clientes y consumidores (*neuroinsight*);

- posicionamiento de campañas y candidatos (neuropolítica).

Para obtener el estudio de todos estos *insigths* y seguir avanzando en sus resultados, se utilizan diferentes técnicas que el propio investigador debe aplicar mediante un minucioso procedimiento. El neuromarketing debe contar con espacios específicos dedicados a la aplicación de las técnicas, con un conocimiento de cada una de ellas y con recursos necesarios que permitan la financiación de la tecnología y de tiempo de laboratorio.

Además, esta disciplina implica de forma directa el estudio del cerebro con fines comerciales y por ello necesita regulación para asegurar su buen uso. En 2002, se celebró un congreso en San Francisco (California) donde se analizaron las implicaciones éticas y sociales de la investigación sobre el cerebro.

Allí se estableció el campo de actuación de la *neuroética* como nueva disciplina dedicada

> al estudio de las cuestiones éticas, legales y sociales que surgen cuando los hallazgos científicos sobre el cerebro son llevados a la práctica médica, a las interpretaciones legales y a las políticas sanitarias o sociales. Estos hallazgos están ocurriendo en campos que van desde la genética o la imagen cerebral hasta el diagnóstico y predicción de enfermedades. La neuroética debería examinar cómo los médicos, jueces y abogados, ejecutivos de compañías aseguradoras y políticos, así como la sociedad en general, tratan con todos estos resultados (Sutil, 2013).

De acuerdo con todo ello, en la Tabla 4.1 se resumen las principales herramientas utilizadas en neuromarketing y la utilidad que supone su uso.

Tabla 4.1. Herramientas de neuromarketing

Técnica	Utilidad	Ventajas	Inconvenientes
Electroencefalograma (EEG)	Medir actividad eléctrica cerebro.	No invasiva, silenciosa y sencilla. Bajo coste.	Desconocimiento proceso cognitivo responsable de la actividad cerebral.
Resonancia magnética funcional (FMRI)	Medición neuronal mediante análisis del nivel oxígeno en sangre.	No invasiva. Excelente resolución espacial. Muy precisa y fiable.	Más cara que EEG. Complejidad análisis datos.
Magnetoencefalografía (MEG)	Detectar campos magnéticos de pequeña intensidad por cambios actividad neuronal.	No invasiva. Respuesta en tiempo real ante estímulos.	Mide únicamente actividad superficie cerebro. Análisis de datos complejo. Elevado coste.
Tomografía por emisión de positrones (PET)	Medir cambios metabolismo del cerebro mediante análisis volumen y flujo sanguíneo, y metabolismo glucosa.	Mejor medición que fMRI al monitorizar otras funciones fisiológicas que afectan al cerebro.	Técnica invasiva. Peor resolución que la fMRI. Análisis datos complejo. Elevado coste.
Biosensores para medir el ritmo cardiaco (ECG)	Medir y registrar actividad eléctrica del corazón.	No invasivo. Bajo coste.	Medición limitada.
Biosensores para medir la respuesta galvánica de la piel (GSR)	Medir respuesta cerebro mediante evaluación niveles sudoración.	No invasiva. Detecta impulsos de compra.	No permite determinar si la emoción es positiva o negativa.
***Sociograph* (sociógrafo) o EDAg (EDA grupal)**	Medir actividad electrodérmica grupal.	No invasivo. Influencia grupo.	Influencia negativa del grupo. Difícil captación sujetos.

Técnica	Utilidad	Ventajas	Inconvenientes
Seguimiento de la mirada (*eyetracking*)	Captar movimiento ocular y dilatación pupilas y parpadeos.	No invasiva. El sujeto puede moverse con las gafas. Coste reducido.	No mide emociones. Mide puntos de fijación, pero no implica que se haya visto realmente.
Electromiografía para medir la actividad de los músculos de la cara (EMG)	Analizar respuesta eléctrica de los músculos mediante colocación de electrodos en la zona que se desea estudiar.	No invasiva, precisa y sensible. Permite distinguir entre movimientos voluntarios e involuntarios de los músculos faciales, determinando si la respuesta es positiva o negativa.	Distintas señales (respiración, parpadeo o movimiento de los ojos, etc.) pueden interferir en la medición.

Fuente: Villaverde, S., Monfort, A. y Merino, M. J. (2020).

Microejercicio. Conociendo al nuevo consumidor y su viaje de compra

a) Objetivo del microejercicio

Aplicar los conceptos de segmentación, comportamiento del consumidor digital y neuromarketing para diseñar estrategias centradas en el cliente que mejoren su experiencia y aumenten la efectividad del marketing.

b) Preguntas

1. Segmentación y *buyer persona*

Elige un producto o servicio (por ejemplo, una *app* de meditación) y define un perfil de *buyer persona* para él. Incluye al menos: nombre, edad, ocupación, objetivos, frustraciones y hábitos digitales.

2. *Customer journey*

Describe brevemente las etapas del *customer journey* de tu *buyer persona* desde que descubre el producto hasta que lo recomienda. ¿Qué puntos de contacto (*touchpoints*) destacarías?

3. Neuromarketing

¿Qué técnica de neuromarketing aplicarías para evaluar la efectividad de una campaña publicitaria para tu producto? Justifica tu elección en función de sus ventajas y limitaciones.

4. Estrategia postpandemia

Considerando los perfiles de consumidores postcovid identificados por ThinkwithGoogle (shockeado, resistente, asustado, expectante, empoderado), ¿a cuál se dirige tu producto? ¿Qué mensaje de marketing utilizarías para conectar con ese perfil?

c) Conclusiones

Este ejercicio permite al lector:

- Comprender la importancia de conocer al cliente en profundidad para diseñar estrategias efectivas.

- Aplicar herramientas como el *buyer persona* y el *customer journey* para mejorar la experiencia del consumidor.

- Valorar el papel del neuromarketing en la toma de decisiones estratégicas.

- Adaptar los mensajes de marketing a los nuevos perfiles de consumidores surgidos tras la pandemia.

Capítulo 5

Creación de marca

L a marca es un vínculo entre productos y consumidores. A través de ella se adquiere un compromiso con el cliente de determinados atributos que lleva implícitos y que han sido trabajados durante años por los propios empleados en cada interacción con el cliente, ya que han transmitido la imagen de la marca y por el departamento de comunicación y marketing para situarse en el *top of mind* del cliente.

Esto se refiere a la capacidad que tiene la marca para situarse como primera opción en la mente del consumidor. Veamos un ejemplo: preguntamos al cliente sobre un supermercado *gourmet* y este nos responde Sánchez Romero Carvajal. Si esa es su primera opción, la marca ha sabido situarse en el *top of mind* del cliente, asociada a productos *gourmet*.

Por tanto, la marca es un elemento clave de la estrategia comercial, ya que supone una fuente de recursos y es un reclamo efectivo. Tanto es así, que algunas marcas, por sí solas, valen más dinero que la propia empresa; a esto se le denomina capitalización de la marca.

Es un activo intangible sumamente estratégico, ya que su correcta gestión aumenta la lealtad y la rentabilidad.

En definitiva, es importante construir marcas fuertes, ya que proporcionan una mayor fidelidad, son menos vulnerables ante cambios del entorno y frente a la distribución aportan mayor atractivo y poder de negociación con los proveedores. Es decir, mayor rentabilidad presente y futura.

5.1. Componentes para la creación de marcas

Detrás de la construcción hay un área dependiente del departamento de marketing que se encarga de definir, implementar y velar por la buena reputación de la marca, tanto si aplica a productos como a servicios.

La marca debe estar alineada y transmitir los mismos valores que han sido definidos desde las entidades corporativas. Es un error muy grave seleccionar de forma incorrecta a los embajadores de marca, ya que son las personas que representan nuestra imagen. Si se han visto envueltas en algún escándalo contrario a los valores que se promueven desde la organización, se producirá un conflicto.

En España, Burger King seleccionó a una conocida cantante, Aitana, para anunciar su nueva hamburguesa y conectar con su público joven. Sin embargo, a la empresa le llovieron las críticas ya que la cantante es celíaca y siempre alardea de un estilo de vida sano, contrario al *fast food*. Por tanto, no existe una relación entre la marca y el representante seleccionado, lo cual fue considerado un error publicitario por el que la empresa tuvo que dar explicaciones.

Sin embargo, George Clooney fue durante muchos años el representante de *Nespresso* y logró posicionar a la marca como *premium*. Quedó fijado en la mente del consumidor que era un producto de calidad, consumido por personas elegantes, que querían disfrutar de un buen café.

Por tanto, la marca proporciona un valor intangible y por ello hay que tener en cuenta factores que afectan en su construcción; según Villaescusa (2014) se reflejan en la Figura 5.1.:

- *El brand equity o valor de marca.* Es el conjunto de activos asociados a la marca que pueden añadir o restar valor a un servicio. Según Aaker (2009), estos activos son la notoriedad de marca, la calidad percibida, las asociaciones de la marca, la lealtad de marca y otros activos de la marca.

Figura 5.1. Factores de la marca

Fuente: Villaescusa (2014).

- *Arquitectura de la marca.* La empresa, cuando planea un nuevo lanzamiento, debe decidir si lanzar el producto bajo la misma marca o crear una nueva. Existen empresas que, para cada línea de producto, tienen una marca especifica, como Inditex; esto se llama *marca paraguas* (véase Figura 5.2).

Figura 5.2. Ejemplo de marca paraguas

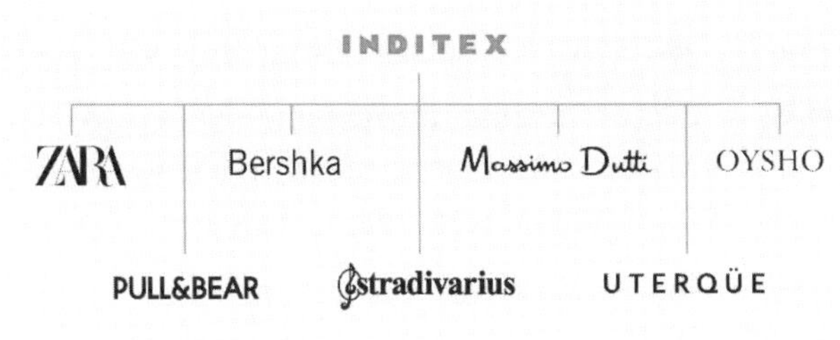

Fuente: Elaboración propia (2022).

- *Branding digital y de servicios.* El *branding* comprende aspectos como la identidad visual o el nombre de la marca. El concepto de *branding* va más allá en el siglo XXI por las altas demandas de los clientes y la necesidad de diferenciarse. Por tanto, el *branding* también maneja que sean coherentes los valores, la información que la marca difunde y las experiencias alrededor de la misma.

  Adicionalmente, el *branding* debe encargarse de llamar la atención del *lead*; a esto se le denomina *salencia*.

  Posteriormente, debe asociarse un significado en la mente del consumidor, bien de forma visual o relativo a la funcionalidad ¿para qué sirve? Después se debe estudiar la respuesta que evoca realmente: si tiene puntos de unión con la intención de la empresa. A través de esto, hay que conocer la resonancia de la marca, es decir, la relación de identificación que se ha conseguido establecer entre el cliente y la marca.

- *Identidad de marca* son las asociaciones que la empresa quiere crear (Aaker, 2009). Las categorías que este autor definen como identidad son las siguientes:

  - *Marca como producto/servicio,* a través de la experiencia de compra.

  - *Marca como persona,* a través del tono empleado en las relaciones.

  - *Marca como organización*, a través de dónde opera, si de forma global o local.

  - *Marca como símbolo visual,* a través de la estética visual.

- *Naming y eslogan* resulta imprescindible como elemento de conexión y de recuerdo. Debe ser lo suficientemente sencillo e impactante para generar recuerdo de marca en todos los idiomas.

- *Identidad visual y logo;* resulta determinante el poder de la estética para obtener un posicionamiento de marca frente a los competidores.

- *Protección de marcas.* Es importante dotarla de registro y protección jurídica adecuada, además de determinar el uso de la marca en Internet. En España esto se lleva a cabo a través de la Oficina Española de Patentes y Marcas.

- *Valoración de la marca a través de brand equity.* No existe un consenso en la forma de medir, pero la ISO 10668 aspira a su regulación. Existen consultoras pertenecientes al ámbito privado que cada año nos informan sobre la variación de la capitalización de las marcas, que utilizan su propio sistema de medición como son Interbrand o el BrandAsset Valuator, modelo registrado por Young & Rubicam, agencia de publicidad.

5.2. Proceso de trabajo para la creación de marcas

La creación de marca conlleva un proceso basado en la estrategia de posicionamiento. Es fundamental conocer el mercado, el consumidor y la marca para poder establecerla.

Por tanto, la primera fase de la creación debe fundamentarse en las siguientes acciones:

- *Estudio del mercado.* El contexto en el que la empresa opera es un conocimiento fundamental que se puede conseguir estudiando dos factores:

  - Investigación del propio mercado.
  - *Benchmark*, a través del estudio de la competencia directa e indirecta.

- *Estudio del consumidor.* Conocer al *target* y la relación con nuestro producto/servicio es crítico, ya que la marca debe aumentar la confianza para consolidarse y expandirse. Su estudio se realiza mediante dos factores:

  - *Desk research.* Conocer las mejores prácticas en el producto demandado.

- *Tendencias:* Se debe dar respuesta a las tendencias del consumidor en general y del sector donde se desarrolla la actividad en particular.

• Estudio de la marca. Conocer la reputación de la marca es esencial para poder alinearla con los valores de la empresa. Su estudio se realiza a través de dos factores:

- *Audit:* Mediante auditorías específicas hay que determinar la salud de la marca para determinar su posicionamiento. Para ello, hay que auditar la identidad visual, el *naming*, y todos los atributos construidos.

- *Entrevistas internas:* Ayudan a conocer las percepciones y la satisfacción respecto a la marca.

Todo ello sirve como principios para fundamentar la estrategia de posicionamiento antes de comenzar la fase de creatividad. Es la denominada *plataforma de marca.* La creatividad es un instrumento al servicio de la estrategia y esta debe estar fundamentada en datos más que en intuiciones (Del Pueyo & Gómez, 2017).

Teniendo clara la estrategia, se puede pasar a la siguiente fase, donde se definen los siguientes elementos:

• *Arquitectura de marca:* Se encarga de establecer las relaciones entre las distintas marcas que forman parte de un grupo empresarial.

• *Activación:* Se encarga de poner la marca cerca del consumidor.

- *Digital,* entendido como el medio por el cual los consumidores vierten opiniones.

- *Employer branding,* entendido como la opinión que generan todas las personas vinculadas a la empresa.

- *Retail,* que es el canal de distribución de la marca.

- *Verbal branding,* el mensaje debe estar alineado y ser coherente con la identidad de la marca. Es necesario no descuidarlo, para que el proceso de posicionamiento funcione.

- *Identidad visual.* La identidad visual no debe responder a interpretaciones subjetivas, sino que debe seguir criterios objetivos de coherencia con los fines de la estrategia de posicionamiento.

A continuación, en la Figura 5.3, se muestra todo este proceso de forma visual.

Figura 5.3. Proceso de trabajo en la creación de marcas

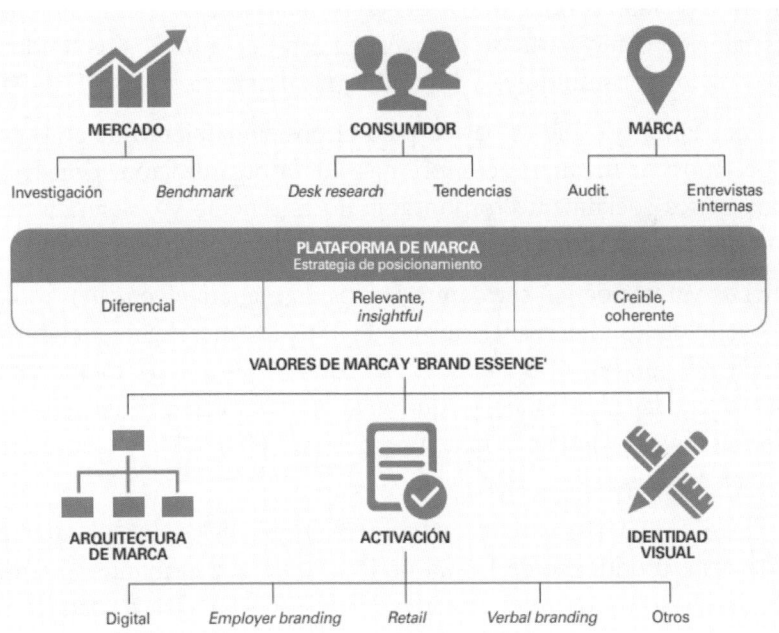

Fuente: Del Pueyo, J. L. G. & Gómez, C. (2017).

Según todo lo anterior, la marca debe cumplir en su diseño con los atributos de marca, es decir, con las características tangibles que acompañan a los productos de una marca. Estos se dividen en tres partes.

- *Identidad central:* Formada por las asociaciones que constituyen los aspectos más importantes de la marca.

- *Identidad extendida:* Incluye elementos y asociaciones organizados en torno a la identidad central.

- *Esencia de la marca* (promesa de la marca): Concepto creativo singular.

Los consumidores exigen cada vez más a las marcas y estas deben ser proactivas y dar respuestas antes de la demanda para lograr consumidores realmente satisfechos. La tendencia muestra la necesidad de integración de la responsabilidad social corporativa (RSC) y la gestión de marca, pues ambas deben formar parte del planteamiento estratégico como parte de la investigación del entorno, las tendencias de los consumidores y las auditorías de marca.

Por tanto, ya que es básico para el posicionamiento, la empresa debe mostrar un fuerte compromiso de la organización. Construir una marca socialmente responsable no es sencillo y obligará a que la organización tenga claro qué valores sociales está promoviendo.

Los valores deben ser comunicados de manera efectiva en todas las actividades internas y externas de RSC. La sinceridad y la honestidad y el compromiso a largo plazo parecen ser una condición para la eficacia de las acciones, ya que en el momento en que los usuarios detecten *greenwhasing*, la marca se mostrará vulnerable y tendrá que replantear sus valores establecidos.

Esto forma parte de la mejora continua del valor de marca, que debe producirse de forma periódica, ya que el mantenimiento de asociaciones de marca fuertes y únicas es una necesidad en sí misma para la supervivencia empresarial.

5.3. Marca país

La marca país constituye la expresión de la identidad nacional y las identidades locales, que forman la competitividad necesaria para la representación de un país de forma internacional.

Los componentes críticos de la identidad: historia, lengua, territorio, arquitectura, regímenes políticos, arte, religión, sistema educativo, paisajes, música, gastronomía…; y de qué modo se articulan a través de lo que denomina vectores: desde las exportaciones con su marca a los logros deportivos, el papel que cumplen los embajadores de marca o la política exterior del gobierno, las experiencias en torno al turismo o el impacto mediático de determinadas personalidades… (Sánchez, Zunzarren & Gorospe, 2013).

La identidad debe comunicarse a través de un trabajo de imagen que se crea para comunicarse con el exterior y que representa la forma de presentarse ante otros países y su concepción sobre el país.

La identidad es el nodo a partir del que surge la construcción de determinados valores en el imaginario de nuestras audiencias. La marca país trata de potenciar aquellos aspectos de la propia identidad que resultan más atractivos y ventajosos. Para ello, se apuesta por aprovechar el *know-how* de cada territorio promocionando sus activos y competencias, al tiempo que lo hacen dentro del paraguas de la marca país. Con el fin de unificar esfuerzos en lugar de dispersarse, ambas aproximaciones deben complementarse para que la marca país se vea reforzada en el exterior por el aporte de lo local y no al contrario.

La marca país ha de estar preparada para responder a esa promesa que difundimos cuando promocionamos nuestra cultura, nuestros productos o nuestras industrias más competitivas en el exterior. Ello requiere un constante trabajo de seguimiento, de conocer en profundidad qué imagen se está creando de nosotros, qué otras marcas país pueden estar aprovechando cualquier fallo para reemplazar nuestra promesa con la suya.

Microejercicio práctico

CASO GRUPO OSBORNE

Objetivo

Analizar cómo un símbolo, en este caso el toro de Osborne, puede convertirse en un ícono de marca y en un elemento de diferenciación y recordación.

- Breve contexto: El Toro de Osborne nació en 1956 como valla publicitaria para promocionar el brandy de Osborne y con el tiempo se convirtió en un símbolo cultural de España, un ejemplo de cómo un elemento visual puede trascender y fortalecer el posicionamiento de marca.
- Actividad: Observa la imagen del Toro de Osborne.

Reflexiona

- ¿Qué transmite la imagen del toro?
- ¿Qué valores asocias a la figura del toro (fuerza, tradición, identidad nacional, etc.)?
- ¿Por qué crees que el toro logró convertirse en un símbolo icónico y memorable?
- ¿Cómo este símbolo ha ayudado a la marca Osborne a posicionarse en la mente del consumidor?

Crea tu propio ícono de marca

- Elige un producto o servicio (puede ser local o inventado).
- Piensa en un elemento visual simple (animal, figura, objeto) que pueda asociarse con los valores de tu marca.
- Dibuja un boceto rápido (o descríbelo en palabras) indicando:
  - El nombre del ícono.
  - Los valores que representa para la marca.
  - Cómo planeas utilizarlo para que sea visible y se relacione con tu producto (*stickers*, redes, empaques, eventos).

Explica cómo un símbolo sencillo puede fortalecer tu marca y por qué es importante mantener coherencia entre tu producto, tus valores y el símbolo elegido.

Capítulo 6

Dirección de ventas

L a dirección de ventas es una de las partes de la función comercial. Se desarrolla teniendo en cuenta los factores del entorno, en concreto, cómo afecta la oferta y demanda. Por otro lado, responde a una organización comercial estructurada y cuenta con las mejores estrategias de marketing para fomentar el apoyo de las ventas.

Por tanto, la dirección de ventas pertenece a un amplio ecosistema, como se puede observar en la siguiente figura, donde el director de ventas logra sus objetivos por medio de unas actividades que se agrupan en tres áreas: estratégica, gestión y control.

Figura 6.1. Función de la dirección de ventas

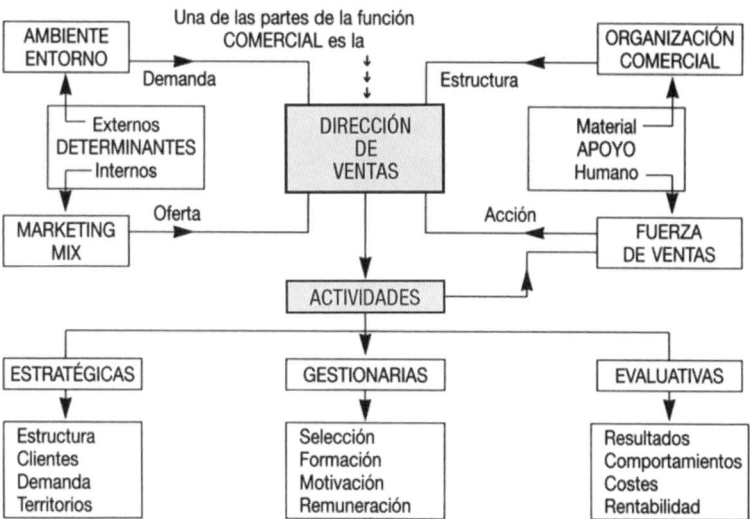

Fuente: Artal, M. (2017).

La dirección de ventas es una parte importante de la función comercial-marketing (Artal, 2017), ya que en este ámbito el marketing se estructura en tres grandes bloques:

- Detectar hechos a través de la investigación de mercados.
- Preparar ofertas considerando las políticas de *marketing mix*.
- Gestionar los procesos de venta y postventa.

Esto es necesario ya que, a causa de la globalización, la competencia a la que se enfrenta la empresa es mundial. Las grandes multinacionales consiguen una mayor visibilidad en el mercado frente a organizaciones de menor tamaño e Internet tiene la función de ventas dentro de sus principales actividades por medio del *ecommerce*.

Sin embargo, la venta a consumidores particulares no es el único segmento objeto de estudio de la disciplina. Además de las ventas particulares existen las profesionales, que pueden ser de dos tipos:

- *Compradores industriales o estratégicos.* Son aquellos que consumen bienes dirigidos a productos industriales, y sus procesos de compra son muy racionales, ya que son compradores que requieren asesoramiento técnico y garantías en el proceso de venta y postventa.

- *Compradores masivos.* Se refiere a los compradores de bienes de consumo masivo, que son compradores emocionales y buscan una buena relación calidad-precio.

6.1. Organización del equipo de ventas

En cualquier empresa, el equipo de ventas tiene una gran importancia para los resultados financieros. La organización puede ser muy eficiente en su proceso de fabricación, pero si al final de la cadena, en la venta, el producto no tiene salida, no obtenemos un rendimiento económico que permita seguir produciendo.

Por ello, el área de ventas impulsa las estrategias comerciales. El nivel de ventas marca el ritmo de producción y es el encargado de la expansión a nuevos mercados a través de conseguir y mantener buenas relaciones con clientes.

Las funciones que lleva a cabo el área se pueden resumir en las siguientes:

- *Crear objetivos.* El área de ventas debe tener claras las metas que tiene que alcanzar para garantizar la rentabilidad empresarial. Esto debe ir alineado con el plan estratégico de la empresa.

- *Desarrollar estrategias de acuerdo con las metas establecidas previamente.* Deben realizar una planificación para medir el desempeño y decidir la metodología de trabajo. Por otro lado, se deben ofrecer capacitaciones y analizar el *feedback* de los clientes en un marco de mejora continua.

- *Fomentar la mejora del servicio al cliente.* Es fundamental para mantener la base de clientes y garantizar la confianza y satisfacción. Es necesario realizar cuestionarios que permitan analizar las experiencias del consumidor.

- *Promoción de la compañía.* Ventas y marketing deben seleccionar el tipo de publicidad que quieren hacer para llegar a su público. Deben seleccionar los canales que les permitan mantenerse en el mercado con un buen posicionamiento.

El siguiente paso, después de establecer las funciones, es el personal. La empresa, en esta área, tiene un reto muy importante para ser eficaces, y es la etapa de reclutamiento y el bienestar laboral. Es importante en toda la compañía, pero más si cabe en el equipo de ventas, ya que van a constituir la «cara visible» de la empresa frente al exterior. Por eso, el equipo comercial debe contar con motivación y para ello es importante tener en cuenta los siguientes aspectos:

- *Seleccionar personas motivadas.* El proceso de reclutamiento puede ser *online* u *offline*, pero es importante encontrar buenos vendedores, que sean resilientes, enfocados en las necesidades del mercado y con habilidades como la comunicación y la empatía, elementos básicos para conectar con el público.

- *Establecer una figura de liderazgo en la que pueda apoyarse la red comercial.* Es importante marcar los objetivos de forma clara para que el equipo tenga claro un horizonte.

- *Dotar de incentivos y recompensas al equipo.* Los objetivos de los comerciales deben definirse de forma personal para desarrollar expectativas realistas. Por tanto, los incentivos también deben ir en concordancia con la motivación y el resultado de cada uno. Normalmente, a los comerciales se les asigna un sueldo fijo y una parte variable según cumplimiento de objetivos para conseguir estimulación.

- *Guiar las acciones a través del plan comercial.* El plan de ventas está integrado en el plan de marketing.

Una vez conformado el equipo, ¿cuáles son las tareas? En la Figura 6.2 se sintetizan.

Figura 6.2. Tareas del equipo de ventas

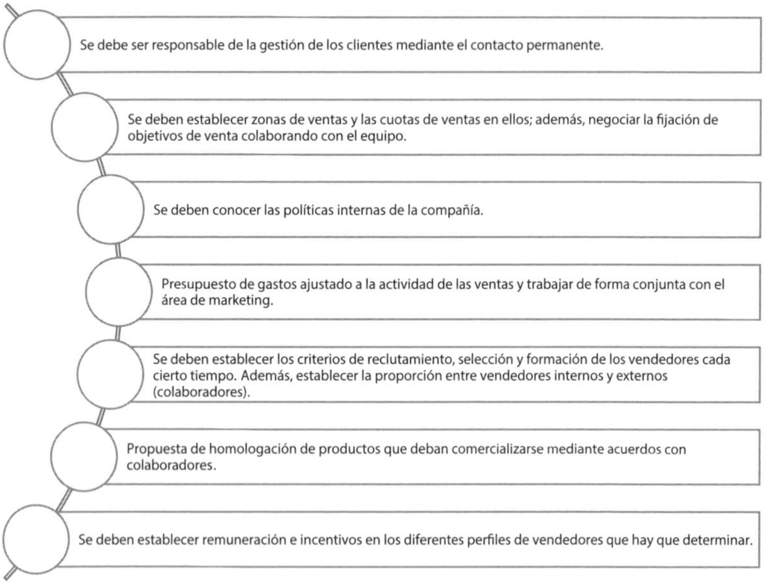

Se debe ser responsable de la gestión de los clientes mediante el contacto permanente.

Se deben establecer zonas de ventas y las cuotas de ventas en ellos; además, negociar la fijación de objetivos de venta colaborando con el equipo.

Se deben conocer las políticas internas de la compañía.

Presupuesto de gastos ajustado a la actividad de las ventas y trabajar de forma conjunta con el área de marketing.

Se deben establecer los criterios de reclutamiento, selección y formación de los vendedores cada cierto tiempo. Además, establecer la proporción entre vendedores internos y externos (colaboradores).

Propuesta de homologación de productos que deban comercializarse mediante acuerdos con colaboradores.

Se deben establecer remuneración e incentivos en los diferentes perfiles de vendedores que hay que determinar.

Fuente: Elaboración propia (2022).

Sin embargo, el cargo del director de ventas comprende tareas adicionales a las mencionadas, siempre ejerciendo un rol táctico, ya que su puesto depende del director de marketing, que es el encargado de tener un rol estratégico.

Según Artal (2017), un director de ventas debe tener las siguientes aptitudes:

- Tener vocación, ser capaz de motivar al equipo y saber vender.

- Ser capaz de analizar y organizar la red comercial.

- Saber ejercer un papel de liderazgo, sin acritud, pero con firmeza, separando a los vendedores que no realizan bien su labor.

- Estar informado y actualizado sobre el ámbito económico y comercial.

- Ser optimista, paciente y con resistencia al desánimo.

- Colaborar con el vendedor de forma constante.

6.2. El proceso comercial y de ventas

Los procesos de ventas ya no se encuadran en una venta únicamente tradicional, donde el principal argumentario está basado en el producto.

Concretamente, el vendedor debía conocer las características, de forma objetiva y a través del conocimiento de este; el objetivo era proporcionar al cliente toda la información respecto a las capacidades del producto.

Posteriormente, y derivado de la anterior fase, se describen las ventajas de la elección, resaltando las ventajas competitivas y los puntos fuertes respecto al producto de la competencia. Y, por último, el beneficio que le proporciona al cliente adquirir el producto.

Sin embargo, el modelo tradicional de ventas presenta limitaciones en una sociedad basada en el consumo, donde los ciclos de vida de los productos cada vez son más cortos y están sometidos a una mayor competitividad. El argumento de diferenciación no es válido, porque cada vez, y de forma más ágil, los competidores innovan en sus productos. Derivado de esto, el perfil del vendedor hoy en día es dinámico. Por ello, se distinguen tres clasificaciones que complementan al modelo clásico en su forma de venta:

- *Venta adaptativa o adaptive selling.* Es un tipo de venta que consiste en la capacidad del vendedor de modificar sus comportamientos durante o después de interactuar con su cliente en virtud de la información percibida en la situación de venta. El vendedor cambia su comportamiento según estos factores:

  - Contexto de venta.

  - Tipo de cliente.

  - Adaptación del lenguaje.

- *Venta consultiva.* El foco se traslada de la bondad del producto a los conocimientos que aporta el comercial, y es ese valor lo que supone la ventaja competitiva.

  Como se puede ver en la siguiente imagen, la venta consultiva invierte la pirámide del modelo de venta tradicional.

  En este modelo se prioriza la construcción de la confianza con el cliente frente a cumplir el objetivo de cierre de venta, lo cual hace tener relaciones más sólidas y aumentar la recurrencia de consumo.

- *Venta transformacional.* Los comportamientos propios de un liderazgo efectivo podían trasladarse a los comportamientos propios de una venta efectiva. Por ello, esta corriente define una similitud entre ambos y presenta las siguientes estrategias:

  - *Liderazgo pasivo.* No se esfuerzan por realizar ventas ni resolver ni identificar los problemas del cliente.

  - *Liderazgo transaccional.* Basado en la supervisión.

Figura 6.3. El modelo de venta tradicional frente al modelo de venta consultiva

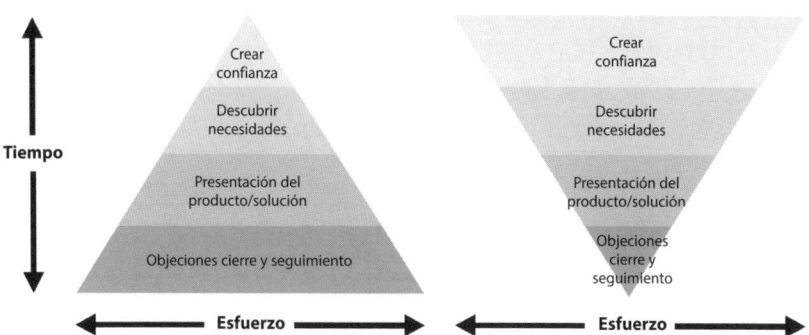

Fuente: Salcedo y Charlán (2016).

— *Liderazgo transformacional.* Motiva para hacer el producto atractivo.

Independientemente del modelo, los comerciales deben prepararse para realizar distintos tipos de ventas, ya que deben acudir donde está el cliente. Se clasifican en tres grandes grupos:

• *Venta personal.* El contacto entre el comprador y el vendedor es directo. Puede darse a través de ventas internas, en el propio establecimiento o fuera de él, por ejemplo, con una visita a la sede del cliente.

• *Venta a distancia.* El contacto entre el comprador y el vendedor es directo, pero no físico. En ocasiones, la compra se realiza sin ningún apoyo por parte de ventas, pero existen equipos de soportes que, en el caso de tener incidencias en el proceso de compra, se pondrán en contacto con el cliente previa solicitud. Los *chatbots* han dado lugar a una nueva forma de relación; si bien no hay una persona física que ayude a solucionar los problemas, el asistente virtual proporciona ayuda en tiempo real.

• *Venta multinivel.* Es legal, aunque deriva de la venta piramidal, que no lo es. La venta multinivel última se basa en comprar los productos que posteriormente serán distribuidos. Sin embargo, en la piramidal, no hay producto físico sino una red de reclutadores, que pagan para formar parte de la organización y que reclutan a más comerciales para obtener ingresos.

Figura 6.4. Tipos de ventas

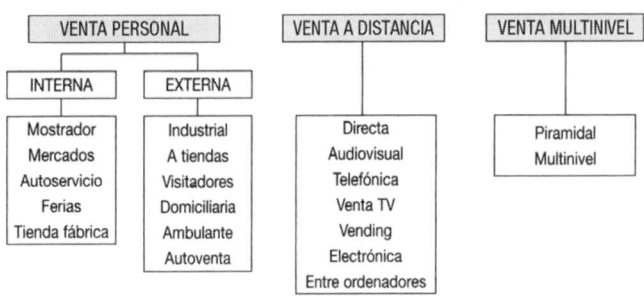

Fuente: Artal, M. (2017).

Como hemos visto hasta ahora, el proceso de ventas tiene una parte muy fuerte de en la selección de personas y la determinación de la estrategia. En este contexto no podemos olvidarnos de la ayuda de la tecnología para canalizar la estrategia.

La tecnología nos permite una mayor segmentación de nuestro público y ser más inteligentes en la propuesta de acciones comerciales. La mayor parte de las empresas medianas y grandes tienen entre sus sistemas un CRM (*customer relationship management* o gestión de relaciones con el cliente), que es un concepto estratégico, no tecnológico.

El objetivo del CRM es construir relaciones fuertes con el cliente, fruto de una evolución hacia el marketing relacional. También persigue aumentar la eficacia empresarial, y optimizar la satisfacción de los clientes y proveedores. Para ello, se apoya en tres pilares de vital importancia:

- Tecnología: Los CRM se apoyan en la tecnología para recoger toda la información que los clientes producen a través de las distintas interacciones que se producen en los canales.

- Procesos: Los CRM aportan información que ayuda a tomar decisiones para redefinir los procesos. Se busca la mayor eficiencia en todos ellos.

- Personas: Son el activo más importante en el uso de cualquier solución comercial. Si los empleados no utilizan el *software* que la empresa pone a su disposición, haciendo difícil el proceso de gestión del cambio, la adopción será tardía y se perderá competitividad.

El CRM integra tres elementos funcionalmente diferenciados:

- *CRM analítico.* Se constituye como un recurso de análisis de la información del cliente a través de potentes herramientas de inteligencia de negocio que permiten explotar la información y crear relaciones sólidas que ayudan a la toma de decisión. Este elemento conlleva:

  - Retención de clientes. Se determina el LTV (*life time value*) mediante modelos de propensión.
  - Adquisición de clientes.
  - Desarrollo de negocio.
  - Productividad de marketing.

- *CRM operacional.* Incluye la integración de la información que proviene de otras áreas. Contiene:

  - Automatización de ventas: El análisis de toda la información de clientes permite al departamento de ventas, realizar acciones dirigidas y eficientes.

  - Automatización de servicios: Los *call centers*, *apps* y *chatbots* permiten que el cliente gestione sus incidencias y procesos de logística o reciba asesoramientos en línea, como fruto de un proceso de sistematización.

  - Automatización de marketing: A través de la gestión de los elementos del marketing, permite realizar acciones sobre las campañas comerciales y medir resultados. Además, el estudio del público responde a una microsegmentación.

- *CRM colaborativo.* Automatiza los canales usados por los clientes para establecer comunicaciones bidireccionales gracias a la información en tiempo real.

Según estas descripciones, ¿cómo ayuda el CRM a la captación de clientes?

En ventas se utilizan técnicas prospectivas con el fin de realizar investigaciones basadas en la búsqueda de clientes potenciales. Se trata de encontrar a los consumidores que tienen un perfil de interés para la empresa por su alta probabilidad de compra. Existen dos técnicas de prospección:

- *Activa.* La fuerza de ventas compuesta por comerciales establece una comunicación con los clientes, sin que estos hayan solicitado de forma previa la información. Esta técnica aplica el modelo del *outbound marketing*.

- *Pasiva.* La fuerza de ventas compuesta por comerciales establece una comunicación con el *lead* (cliente potencial). Este proporciona sus datos porque está interesado en recibir información adicional (*prospect*). Esta técnica aplica el modelo del *inbound marketing*.

Existen diferencias entre ambos modelos, y deben ser estudiados ya que representan la estrategia de acercamiento al cliente. En la Tabla 6.1 se muestran las diferencias entre ambos.

Por tanto, el contacto con el cliente se establece como el primer paso para la venta. Pero debe ser un proceso más amplio que se nutre de los siguientes pasos:

1. Identificar los *prospects* no cualificados de ventas y marketing. Precisamente los *leads* pueden provenir de las acciones de marketing o de acciones procedentes del equipo de ventas (prospección fría).

2. Cualificar a los *leads* como *prospects*. Los *leads* se vuelven *prospects* cuando el equipo de ventas selecciona a los más cualificados del embudo de ventas.

Tabla 6.1. *Inbound marketing* vs. *outbound marketing*

	Inbound marketing	Outbound marketing
Objetivo	Atracción de *leads* que han mostrado interés.	Atracción de un alto número de prospectos que no han mostrado interés previo.
Tipo de comunicación	Bilateral entre consumidor y empresa	Unilateral desde la empresa.
Tipo de contenido	Contenido personalizado para un cliente, segmento de clientes.	Contenido estándar.
Enfoque de la comunicación	El consumidor decide cuándo quiere consumir el contenido.	El consumidor no decide cuándo quiere consumir el contenido. Utiliza técnicas intrusivas.
Medios de difusión	Se basa en publicar contenido a través de blog y redes sociales.	Se basa en llamadas de ventas, visitas comerciales y anuncios.

Fuente: Elaboración propia (2022)

3. Nutrir los *prospects* para que se vuelvan oportunidades. La fuerza del equipo comercial trabaja para la conversión a través de oportunidades dirigidas a los *prospects*.

4. Transformar las oportunidades en negocio para el cierre de la venta. Existen dos posibles escenarios, el negocio cerrado-perdido o cerrado-ganado.

A continuación, Salesforce (2022), proveedor de CRM, garantiza estos pasos como el proceso de captación, como se puede ver en la Figura 6.5.

Figura 6.5. Proceso de ventas

Identificar los *prospects* no cualificados de ventas y marketing

Cualificar a los *leads* como *prospects*

Nutrir los *prospects* para que se vuelvan oportunidades

Transformar las oportunidades en negocio

Fuente: Salesforce (2022).

Para lograr completar este proceso es necesario, de forma previa, segmentar el público y para ello hay que conocer los puntos de mejora que el usuario requiere, es decir, se debe profundizar en la inteligencia comercial. De forma paralela, hay que seguir monitorizando la competencia para reforzar la estrategia de captación. El *follow-up* de ventas proporciona un seguimiento para realizar una conversión. Todos estos datos de seguimiento se optimizan a través de un CRM, que facilita el proceso comercial al tener un *software* que informa sobre el estado del cliente.

En este sentido, el CRM ayuda al departamento de ventas a través del embudo de conversión o *funnel* de ventas, que engloba el proceso que un usuario recorre dentro de un canal digital para conseguir un objetivo. El objetivo puede ser diverso: por ejemplo, solicitar información adicional sobre un producto o servicio.

El *funnel* de ventas debe generar *engagement* y, para ello, el modelo AIDA (atracción, interés, deseo y acción) demuestra los pasos por los que pasa un usuario que siente la necesidad de compra.

Una vez que se ha conseguido despertar la atracción del usuario a través de la presencia digital, es decir, contando con una *home* o *landing page* que suscita su interés, la ficha de producto debe desencadenar el deseo de compra al ver los productos en la estantería digital. Para ello, es importante determinar factores que no hagan dudar ni un segundo al usuario de seguir adelante con la compra. Estos se muestran en la Figura 6.6 de forma resumida.

Sin embargo, el *funnel* recorre todas las etapas, no solo la de *engagement*. De forma global se determinan tres fases dentro del *funnel* de ventas hasta el cierre de la compra, que son las siguientes:

• *Top of the funnel (TOFU)*. El usuario tiene una necesidad, pero aún no se ha planteado la adquisición de un producto o servicio. En esta etapa la publicidad o las acciones de marketing tienen un papel fundamental en que el usuario se plantee su adquisición.

Figura 6.6. Factores que impulsan la compra del consumidor

Imagen de los productos (fotografías de calidad, tamaño adecuado...).	**Diseño del botón** de compra o *call to action* (CTA). Debe estar accesible y tener un *copy* claro.
Precio. Determinar nuestra estrategia respecto a la competencia.	**Información del producto.** El usuario quiere conocer y tener toda la información disponible, lo que facilita el cierre.
Disponibilidad del producto/plazo de entrega. El cliente quiere disponer del producto en el plazo deseado.	**Valoración del producto.** Las opiniones y experiencias de otros clientes pueden ser un factor decisivo.

Fuente: Elaboración propia a partir de Somalo (2022).

- *Middle of the funnel (MOFU).* El usuario se siente atraído por el producto, pero aún está indeciso para dar el paso de la compra. Posicionarse en su mente será clave para ser su primera opción.

- *Bottom of the funnel (BOFU).* El usuario está decidido a realizar la compra, pero aún no está cerrada. Para ello, es muy útil enviar cupones de descuento o mensajes de últimas unidades disponibles en el caso de que así sea para ayudarle a tomar la decisión.

De forma gráfica, se representa como aparece en la Figura 6.7.

Sin embargo, aunque el cliente está en la fase de compra, el proceso no se puede dar por finalizado.

Existe una alta tasa de «carritos abandonados», es decir, clientes potenciales que han seleccionado el producto y todo parece indicar que van a finalizar su compra, pero el cliente no completa el proceso de pago. Es algo muy habitual en el comercio electrónico: la mayoría de las cestas de la compra se abandonan.

Figura 6.7. Embudo de ventas

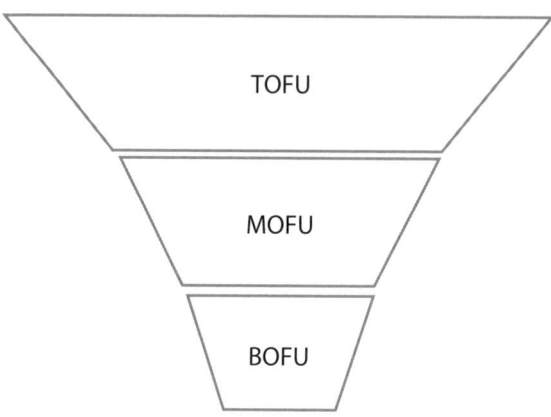

Fuente: Elaboración propia (2022).

Existe un procedimiento establecido para reducir estos casos. Los diseñadores de la experiencia del usuario (UX) en este proceso tienen que reflejar los siguientes pasos de forma *online* (Somalo, 2017):

1. *Crear* un carro de la compra. En ella se recogen todos los productos que el cliente ha añadido.

2. *Identificar* mediante registro al comprador a través de un usuario y contraseña.

3. *Solicitar los datos de facturación* y envío. Si el cliente estaba registrado, la empresa tiene los datos; si no es así, deberá solicitarse a través de un formulario identificando los campos obligatorios.

4. *Solicitar los datos de pago* a través de la introducción de sus datos bancarios. La desconfianza del usuario en este momento supone uno de los momentos más delicados.

5. *Informar* al usuario con un resumen y finalización de la compra. Es importante que el cliente tenga toda la información de su compra y confirme que desea finalizar.

6. *Confirmar* por *email* que el pedido se ha realizado y la venta ha finalizado. No hay que olvidar que el cliente está a la espera de su producto, por lo que hay que mantenerlo informado.

Este proceso es el óptimo para el cierre de la venta y el que se aconseja seguir para disminuir el número de carritos abandonados. Es el *funnel* del proceso de compra.

6.3. Elaboración de un plan de ventas

La investigación comercial y el conocimiento del entorno son básicos para tomar decisiones en términos de ventas. Requieren un gran conocimiento porque se necesitan objetivos realistas y cuantificables.

Es necesario conocer qué se está haciendo para determinar qué se debería hacer, y así realizar investigaciones exhaustivas que permitan desarrollar y cuantificar el impacto de las acciones para establecer un plan alcanzable para la organización.

En términos de investigación, los pasos vistos en el Capítulo 2, Investigación de mercados, se aplican para hacer un estudio suficientemente representativo en todo lo que se refiere al proceso de investigación comercial. Recordemos los pasos a través de la Figura 6.8.

Después de conocer el mercado interno y externo, se debe segmentar y conocer el público objetivo para establecer una cuota de mercado siguiendo la regla de Laplace (cociente entre la parte que se tiene, en relación con el mercado total), que es un indicador de la situación de la compañía.

Para ganar cuota de mercado a través de las ventas, debemos estudiar el mercado. Para ello, no debemos olvidar los siguientes datos (Temiño, 2013):

- *Segmentación de los clientes* para tener una estrategia comercial acertada. Todos los clientes deben estar activos; de lo contrario, se hará algún plan para conocer el motivo de la pérdida e intentar que sean de alto valor para la empresa.

Figura 6.8. Proceso de investigación en la comercialización de ventas

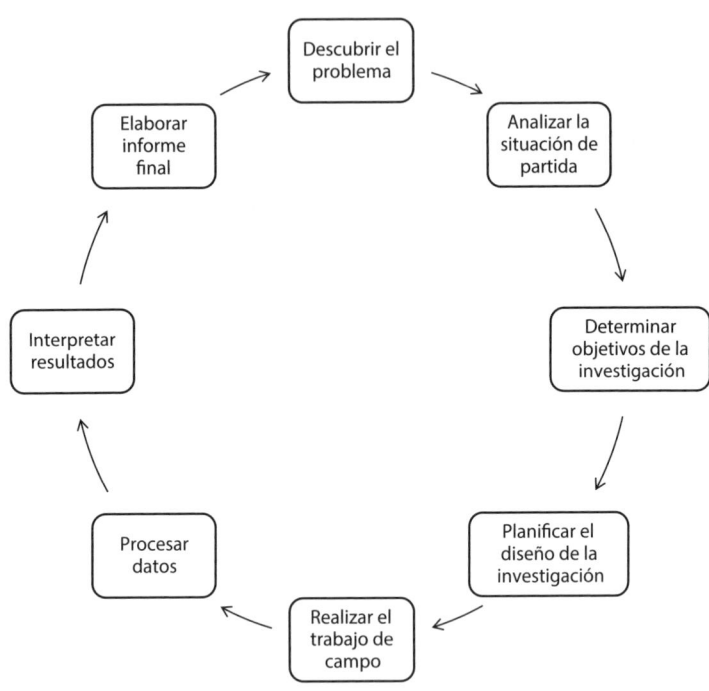

Fuente: Elaboración propia (2022).

- *Conocer cuánto cuesta* el cliente, es decir, su rentabilidad como cliente.

- *Tener información* de primera mano, dentro de los límites legales, de cómo se están moviendo los competidores.

- *Participar* en procesos de calidad que acrediten nuestra posición como proveedores por estar homologados, lo que supone una ventaja competitiva.

- *Capacitar* a los gestores comerciales para la atención por medio de distintos canales. Unos serán los encargados de atender de forma telefónica; otros a través del *email*; otros del chat, etcétera. De esta manera, el cliente se encuentra atendido por distintas vías.

Estos aspectos son básicos para realizar una previsión de ventas. Todos ellos deben incluirse en el plan de marketing, basándose únicamente en la visión comercial.

Según el plan, la dirección estratégica debe tomar decisiones: ¿nos internacionalizamos?, ¿hacia dónde va nuestro crecimiento? Para ello, existe una herramienta, en uso desde los años sesenta, difundida por Ansoff que permite analizar las posibilidades de expansión de cualquier compañía, independientemente de su tamaño o sector de actividad.

En concreto, mediante su aplicación, las organizaciones pueden descubrir una serie de estrategias de crecimiento de los productos y mercados. Depende de si se desea crecer con los productos actuales o con los productos nuevos, en mercados actuales o en mercados nuevos.

Pero ¿en qué consiste cada una de estas estrategias de crecimiento?

- *Penetración:* El objetivo de la compañía es aumentar su volumen de ventas buscando nuevos clientes con los productos que ya comercializa y en los mercados en los que ya opera.

- *Desarrollo de mercado:* La expansión de la empresa viene dada por el posicionamiento de los productos y servicios existentes en nuevos nichos de mercado, relacionados con el público objetivo o con criterio geográfico.

- *Desarrollo de producto:* Comercializar nuevos productos o servicios o añadir nuevas utilidades a los existentes es una opción para crecer.

- *Diversificación:* Llevar a cabo nuevas actividades empresariales y en escenarios aún no explotados por la organización de tal manera que se creen sinergias o nuevas líneas que les permitan obtener mayores ingresos.

La matriz de Ansoff se representa en la siguiente tabla, donde se pueden encontrar las combinaciones anteriormente mencionadas.

Tabla 6.2. Matriz de crecimiento de Ansoff

	Productos actuales	**Nuevos productos**
Mercados actuales	Penetración	Desarrollo de producto
Nuevos mercados	Desarrollo de mercado	Diversificación

Fuente: Elaboración propia (2022).

6.4. Canales de distribución

La distribución comercial tiene por objetivo poner el producto a disposición del cliente a través de intermediarios para que el cliente pueda adquirirlo. Puede ser de los siguientes tipos:

- *Mayorista:* No se dirigen al consumidor final, ya que compran y venden en grandes cantidades.

- *Minorista o detallista:* Se dirigen al consumidor final, ya que realizan la venta en pequeñas cantidades. A su vez, atiende a la siguiente clasificación:

  - *Sistemas verticales de distribución*:
    - Sistema de comercio integrado o corporativo: Economatos, sucursales, cooperativas de consumo.
    - Grandes almacenes: Almacenes, supermercados, hipermercados, hipermercados especializados, tiendas especializadas.
    - Tiendas de descuento que comercializan su propia marca de comida y hogar.
    - Tiendas de conveniencia, tiendas con amplia disponibilidad, 24 h.
    - Formas comerciales sin establecimiento: Venta a domicilio, venta piramidal, venta por correo, venta por catálogo, venta por teléfono, venta por Internet, venta por máquinas de vending.

  - Sistema contractual, cooperativas de detallistas, cadenas franquiciadas.
  – *Sistemas horizontales de distribución:*
    - No espacial, con centrales de compras para conseguir mejores precios por la compra de grandes volúmenes
    - Espacial, como centros comerciales, mercados, mayoristas y minoristas independientes.

Respecto a los canales de venta, es decir, los intermediarios necesarios para que un producto llegue desde su lugar de producción a los distintos rincones, existen los siguientes tipos:

- *Canal directo.* No tiene intermediarios del mayorista al consumidor final.

- *Canal corto.* Tiene la intervención de un mayorista entre el productor y el consumidor final.

- *Canal largo.* Tiene mayoristas tanto en origen como en destino.

- *Canal con agentes.* Tienen agentes entre el fabricante y el mayorista en origen.

El número de intermediarios incide de forma directa sobre el precio final de venta, debido a que, cuanto más largo sea el canal, el precio se debe incrementar para financiar a todos aquellos que intervienen en el proceso.

6.5. Servicio postventa

Parece que la relación acaba cuando el cliente compra nuestro producto o consume nuestro servicio. Todo lo contrario: la postventa forma parte del proceso de compra.

El cliente espera recibir garantías y ha depositado su confianza en el producto o servicio de nuestra empresa, y necesitamos una recurrencia en su compra.

El marketing relacional se encarga de fomentar la fidelización y es cada vez más difícil hacerlo debido a las múltiples opciones que ofrece el mercado. Por eso la empresa no puede desaprovechar todo lo ganado cuando el cliente lo necesita.

Ofrecer un mal servicio en este momento del proceso genera un mal recuerdo de marca. A continuación, se ofrecen unos consejos para que esto no suceda y fomentar las relaciones estrechas:

- mantener el contacto con el cliente;
- estrechar lazos mediante programas de fidelización;
- informar sobre lanzamientos o sugerencias personalizadas;
- enviar regalos en fechas importantes para nuestro cliente;

Microejercicio. Diseño estratégico del proceso de ventas

Objetivo del microejercicio

Aplicar los conceptos clave de dirección de ventas, CRM y *funnel* de conversión para diseñar un proceso comercial efectivo que permita captar, convertir y fidelizar clientes.

Preguntas

1. Diseño de *funnel* de ventas

Elige un producto o servicio (por ejemplo, un curso *online* de idiomas). Diseña un *funnel* de ventas básico (TOFU, MOFU, BOFU) indicando qué acciones de marketing o ventas implementarías en cada etapa.

2. CRM y captación de clientes

¿Qué funcionalidades del CRM (analítico, operacional o colaborativo) serían más útiles para mejorar la captación de clientes en tu ejemplo anterior? Justifica tu elección.

Conclusiones

Este ejercicio permite al lector:

- Comprender cómo diseñar un proceso de ventas completo y coherente.
- Valorar el papel del CRM como herramienta estratégica para la captación y fidelización.
- Diferenciar entre estrategias de marketing según el tipo de cliente y canal.
- Aplicar herramientas de planificación como la matriz de Ansoff para tomar decisiones de crecimiento.

Capítulo 7

El plan de marketing

El plan de marketing es una herramienta básica que todas las organizaciones que quieran alcanzar sus objetivos de marketing deben realizar de forma recurrente.

En las organizaciones existen multitud de tipos de planes, ya que son la mejor vía para conocer qué vamos a hacer y cómo lo vamos a hacer.

Normalmente, en función del tiempo de ejecución, los planes dentro de la empresa se clasifican en dos tipos:

- *Planes estratégicos.* Aquellos cuyo periodo de implantación abarca alrededor de cinco años. Su función es provocar cambios en la forma actual de ejecución/gestión y mantener la competitividad de las empresas. Para ello, deben plantearse: ¿cómo queremos ser de aquí a cinco años? ¿Qué debo ofrecer para seguir manteniéndome en el mercado? ¿Qué acciones estructurales debo llevar a cabo para crecer y expandirme? Todo ello responde a una estrategia y las decisiones son tomadas por los accionistas, el CEO y los consejos de administración.

  La responsabilidad de la dirección es detectar nuevos nichos para ampliar su oferta si se detectan oportunidades de mercado de tal manera que la ventaja competitiva sea sostenible a lo largo del tiempo mediante estrategias de marketing adecuadas. Para ello, el marketing debe concebirse no como un departamento más, sino como el departamento que da servicio al resto, manteniendo al cliente en el centro.

- *Planes operativos.* Aquellos cuyo periodo de implantación abarca alrededor de un año. Su función es adoptar planes que vayan en consonancia con los planes estratégicos para ayudar a la consecución de estos, ya que comparten objetivos. Adicionalmente, tienen como objetivo cumplir acciones que pueden ejecutarse en el corto plazo (un año) para ir mejorando los procesos actuales. Para ello, deben plantearse ¿qué puedo mejorar en este año? ¿Cómo lo voy a llevar a cabo? ¿Qué recursos debo invertir?; todo ello es algo con carácter mucho más inmediato. Los planes operativos no son exclusivos del departamento de marketing; cada departamento lleva a cabo su planificación de acciones anuales. De hecho, un plan operativo está sujeto al presupuesto de un plan estratégico.

Figura 7.1. Plan estratégico frente al plan operativo

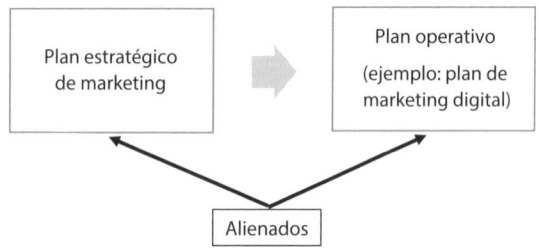

Fuente: Elaboración propia.

En este caso, y centrados en el plan de marketing, su utilidad reside en que permite conocer la cantidad de recursos, tiempos y costes que las acciones y estrategias que debemos implementar suponen. Es necesario saber dimensionar y poder ser competitivos en nuestro departamento.

Por tanto, el plan de marketing debe ir alineado con el plan estratégico de la empresa, ya que ambos deben asegurar que cumplen objetivos dando respuestas a las necesidades y comparten misión y visión. El plan, como instrumento de gestión, nos ayuda a minimizar las opciones de fracaso, ya que está coordinado y compartido con la organización con el fin de alcanzar las metas. Pero lo más importante de todo es que es actúa como hoja de ruta no solo para la consecución de los objetivos, sino para medirlos, conocer el grado de avance y tener la previsión de si se va a cumplir el plan en general y cada etapa de este en particular, en la fecha prevista.

El plan de marketing debe describir el entorno del mercado, los competidores, factores externos como los políticos, económicos, sociales, tecnológicos, ecológicos y legales, además de los propios recursos de los que dispone la empresa.

Los beneficios que aporta su elaboración (Peinador & Zorita, 2009) se describen a continuación:

- *Obliga a pensar creativamente en el futuro.* Las empresas, para mantenerse, deben revisar su modelo de negocio de forma asidua para realizar iteraciones que le permitan mantener su competitividad. La innovación sobre nuevos productos/ servicios es una pieza clave para asegurar viabilidad futura a las organizaciones.

- *Facilita la coordinación de las actividades.* Tener un plan establecido ayuda a dar visibilidad a las tareas pendientes, y a conocer los tiempos de ejecución y los recursos humanos necesarios para llevarlos a cabo.

- *Constituye un importante elemento de comunicación.* La elaboración de planes permite establecer conversaciones para establecer consensos en las metas que conseguir y fomenta el debate interno en las organizaciones sobre las acciones necesarias y prioritarias que deben acometerse.

- *Permite controlar la realización de los objetivos.* Lo que no se mide no se puede mejorar. Por tanto, es necesario conocer el grado de consecución de los objetivos para saber si las acciones están dando frutos o se deben establecer otras que permitan alcanzarlos.

A continuación, de forma resumida, se sintetizan los beneficios en la Figura 7.2.

Figura 7.2. Beneficios del plan de marketing

| UTILIDAD |

| Obliga a pensar creativamente en el futuro | Facilita la coordinación de actividades | Constituye un importante elemento de comunicación | Permite controlar la realización de los objetivos |

Fuente: Peinador y Zorita (2009).

7.1. Estructura del plan de marketing

El plan debe seguir una estructura que garantice el desarrollo correcto; es importante desarrollar un plan en orden, ya que el análisis de las partes nos permite avanzar en la generación de ideas, en las partes consecutivas. Por tanto, deben especificarse todos los puntos para garantizar que el plan de marketing esté completo.

Para realizar un plan de marketing, se deben seguir los siguientes pasos:

1. *Presentación.* Como punto de inicio, es necesario hacer una introducción sobre la empresa. Conocer cuál es su razón de ser (misión), dónde quiere llegar (visión) y los valores con los cuales se identifica.

   Adicionalmente, se recomienda incluir los datos principales que la identifican. Por ejemplo, año de fundación, número de trabajadores, países en los que se encuentra o beneficios, entre otros.

2. *Análisis de la situación actual.* En cualquier plan es fundamental analizar el entorno, tanto externo como interno, destacando,

por un lado, sus fortalezas y debilidades y, por otro, las circunstancias favorables y desfavorables enunciadas en clave de oportunidades y amenazas.

Antes de la puesta en marcha de cualquier acción es necesario conocer las circunstancias macro que rodean al negocio. Esto es muy cambiante; por eso se recomienda realizarlo con una periodicidad de dos veces al año para monitorizar el entorno externo, es decir, el PESTEL (político, económico, social, tecnológico, ecológico y legal) y hacer un análisis DAFO o FODA para conocer la situación y externa de la empresa.

Sin embargo, existe una relación de las herramientas de análisis con la matriz DAFO, que merecen no ser olvidadas en el análisis. No es obligatorio incluir todas ellas, pero se recomienda tenerlas en cuenta para un análisis en profundidad, como se detalla en la siguiente imagen.

Figura 7.3. Relación de las herramientas de análisis con la matriz DAFO

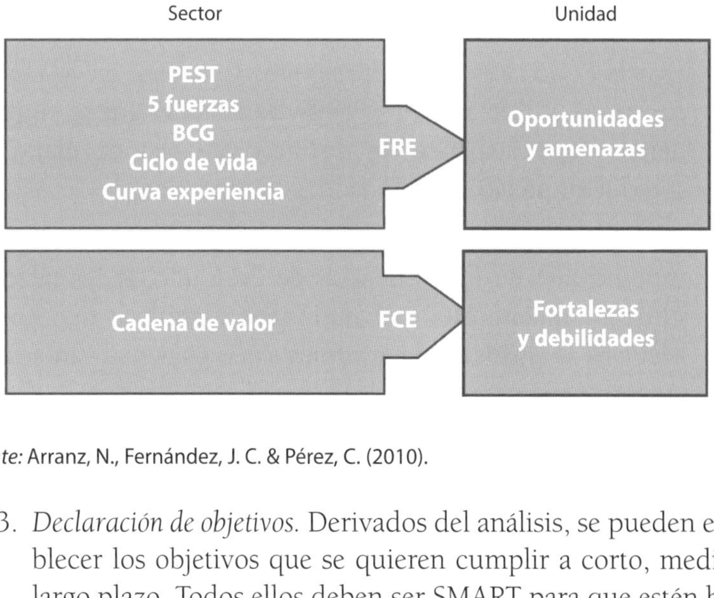

Fuente: Arranz, N., Fernández, J. C. & Pérez, C. (2010).

3. *Declaración de objetivos.* Derivados del análisis, se pueden establecer los objetivos que se quieren cumplir a corto, medio y largo plazo. Todos ellos deben ser SMART para que estén bien

formulados y así puedan alcanzarse y hacer seguimiento de ellos. Deben contar con los siguientes factores:

- *Específicos (S)*. No deben tener ambigüedades ni dar lugar a distintas interpretaciones.

- *Medibles (M)*. Deben poderse medir mediante KPI (*key performance indicators*) para mejorar en los resultados.

- *Alcanzables (A)*. Deben ser lo suficientemente concretos y limitados para que se puedan cumplir de forma anual.

- *Retadores (R)*. Deben ser lo suficientemente motivadores como para trabajar en su cumplimiento.

- *Limitados en el tiempo (T)*. Debe establecerse un horizonte temporal a través del cual pueda medirse la evolución.

  Los objetivos que se establecen en marketing están muy ligados al aumento en el número y volumen de las ventas para fomentar el crecimiento, a maximizar la rentabilidad, la notoriedad y el posicionamiento en el mercado, entre otros.

4. *Establecer acciones de marketing mix*. Con base en lo cual se construye el plan el desarrollo de las acciones que se emprenderán y que atañen a las distintas variables de marketing (producto, precio, distribución, comunicación).

   Después de analizar al menos las cuatro P del *marketing mix*, profundizase en las estrategias de cada uno de los factores. El departamento está preparado para identificar qué nuevas acciones se pueden poner en marcha o cuales se van a mantener.

   Todo ello se explica en un cuadro como el mostrado a continuación para tener de un vistazo las acciones que se van a desarrollar. Para realizar los objetivos, estrategias, acciones y KPI de forma correcta, deben responder a las preguntas mostradas en la misma imagen.

Tabla 7.1. Estructura del plan de marketing

Estructura tipo del plan			
Objetivo 1	Estrategia 1	Acción 1	KPI 1
			KPI 2
			KPI n
		Acción 2	KPI 1
			KPI 2
		Acción 3	KPI 1
¿Qué voy a conseguir?	**¿Cuál es la estrategia que explica el objetivo?**	**¿Cómo voy a conseguir mis objetivos?**	**¿Cuánto grado de avance llevan mis acciones?**

Fuente: Elaboración propia.

Las acciones que se vayan a llevar a cabo serán explicadas y desarrolladas en detalle. Para ello, debe quedar constancia de en qué consiste la acción, el plazo que se tarda en llevarla a cabo y quién es el responsable (departamento, perfil o persona física). Se puede tomar el siguiente cuadro como ejemplo para el desarrollo (Tabla 7.2). Es recomendable incluir en la descripción de las acciones los resultados esperados de cada una de ellas. Esto facilita establecer las métricas de medición.

Tabla 7.2. Relación entre estrategias y acciones

Estrategia 1	Acción 1	Plazo (Duración) acción 1	Departamento Responsable
	Acción 2	Plazo (Duración) acción 2	Departamento Responsable
	Acción 3	Plazo (Duración) acción 3	Departamento Responsable

Fuente: Elaboración propia.

5. *Establecer presupuesto* de las inversiones necesarias para poner en práctica todas las acciones previstas. Se deben especificar los mecanismos de control en su aplicación. Es decir, las consignas que deben tenerse en cuenta son las siguientes:

   • Conocer la situación de la empresa. Si la empresa es de nueva creación, los gastos en promoción deberán ser más elevados que si ya está posicionada en el mercado.

   • Realizar un presupuesto anual, con mecanismos de control que sean de entre uno y tres meses para conocer la evolución de los costes.

   • Destinar una cantidad que esté alineada con nuestros ingresos. Generalmente, el presupuesto de marketing suele estar en torno al 10%, pero dependerá de la situación de la empresa y de si vendo un producto o un servicio.

   • Estudiar a qué acciones destinará dinero. Es decir, existen medios que son pagados y tienen costes mensuales; por otro lado, aunque sea más lenta la promoción, existen herramientas gratuitas.

   • Tener un pequeño margen de maniobra en el presupuesto para cuestiones inesperadas.

   • Nada es gratis. Todas las acciones, aun las que se hagan de forma interna, hay que presupuestarlas.

   Según esto, el plan debe contar con las acciones desglosadas, el precio de cada una de ellas, el equipo encargado de ejecutarlo (debemos saber a quién debemos repercutir/pagar el coste) y la fecha de control/vencimiento de los pagos.

6. *Establecer un plan de contingencia.* Es decir, un plan B, con acciones alternativas ante la posibilidad de que las acciones previstas no den los resultados esperados y haya que buscar alternativas en un corto espacio de tiempo. A esto se le llama plan de contingencia.

Se deben especificar en este tipo de planes las acciones, la contingencia, el riesgo sobre la actividad y la probabilidad de que la acción inicial no se lleve a cabo. Con esto, podemos identificar las principales amenazas. Es decir, si el impacto sobre el negocio es alto y la probabilidad de que suceda también lo es, se debe permanecer atento al seguimiento de dicha acción. Si, por el contrario, se determina que la probabilidad de que suceda es alta, pero apenas tiene riesgo para nuestro negocio, la urgencia y el seguimiento sobre esa acción no es tan crítica.

A continuación, se establece una estructura tipo del plan:

Tabla 7.3. Plan de contingencia

Estructura tipo del plan de contingencia			
Acción	Contingencia	Riesgo/impacto	Probabilidad
Labor que se va a desarrollar	**Plan B. Establecer una acción alternativa a la inicial por si no pudiera desarrollarse.**	**Determinar el grado (alto, medio, bajo) que una acción en caso de no producirse tendría para llevar a cabo nuestro plan.**	**Determinar el grado (alto, medio, bajo) de que una acción no se pueda llevar a cabo.**

Fuente: Elaboración propia (2022).

7. *Conclusiones y recomendaciones.* Las conclusiones del plan de marketing deben enfocarse con un tono positivo. El plan debe motivar a emprender nuevas acciones, por lo que cuantificar tanto los objetivos, como lo que se quiere lograr mediante su implantación, puede ayudar a tener una idea clara del motivo por el cual se debe llevar a cabo.

También es interesante incluir recomendaciones que se hayan detectado durante el análisis para que, de forma sintetizada, queden latentes.

En ocasiones, se comete el error de no obtener conclusiones contundentes, ya que parece que todo ha quedado plasmado con anterioridad. Pero hay que recordar que el resumen ejecutivo de los planes o las conclusiones es el primer filtro que cualquier ejecutivo aplica antes de decidir leer el análisis completo.

7.2. Importancia de la medición de las acciones de marketing

Las empresas se enfrentan a muchas decisiones que tienen un impacto sobre la viabilidad de la organización. Por lo que al departamento de marketing respecta, anualmente se destinan partidas presupuestarias para este departamento.

Todas esas partidas, *a priori*, son un gasto para la empresa; por tanto, los responsables de marketing para ganarse el apoyo interno y consolidar su departamento, tienen el reto de trabajar para que ese gasto genere unas ganancias que demostrarán la importancia y el valor del departamento en la cuenta de resultados final de la empresa. Pero ¿cómo se hace esto?

Se realiza a través de la efectividad del marketing (*marketing effectiveness*). La medición de los efectos de las acciones de marketing, la medida de su eficacia, es un elemento clave para la planificación y el control de la función de marketing. Una acción de marketing es eficaz si alcanza los objetivos para los que ha sido planteada. Cuando los objetivos han sido claramente definidos, es mucho más fácil medir la eficacia de las acciones de marketing (Merino y Yágüez, 2012).

La efectividad del marketing es el fin de la aplicación de las herramientas del *marketing science*. El objetivo del *marketing science* es crear inteligencia en el uso del conocimiento que tiene una empresa, ya que uno de los principales problemas de las organizaciones es que este se encuentra desagregado por todos los departamentos que conforman las entidades. Para ello, se basa en la investigación comercial, los sistemas de marketing analítico y los sistemas de información en marketing.

No obstante, se necesitan métricas que permitan cuantificar cuánto obtengo por cada euro invertido en cada acción de marketing, que es el tipo de pregunta que se hacen los departamentos financieros.

Para darle respuesta, se necesita calcular el ROI en marketing (MROI), es decir, el retorno de la inversión en marketing. Por ello, en el cálculo solo contabiliza el coste/ingresos provocados por la acción de marketing propiamente dicha. A esto se le denomina *incremental*, ya que pueden existir otras variables como pueden ser el entorno o la competencia, que no se estimarían dentro de este cálculo. Precisamente esto es lo más complicado de determinar y está sujeto a distintas interpretaciones de cómo llegar a conseguirlo. Sin embargo, la fórmula es común y es la siguiente:

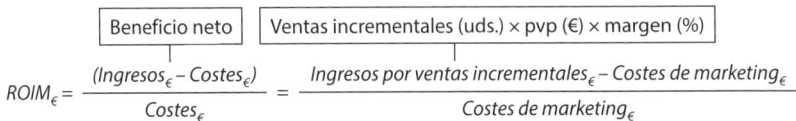

$$ROIM_\epsilon = \frac{\overbrace{(Ingresos_\epsilon - Costes_\epsilon)}^{Beneficio\ neto}}{Costes_\epsilon} = \frac{\overbrace{Ingresos\ por\ ventas\ incrementales_\epsilon}^{Ventas\ incrementales\ (uds.) \times pvp\ (\epsilon) \times margen\ (\%)} - Costes\ de\ marketing_\epsilon}{Costes\ de\ marketing_\epsilon}$$

Las etapas para determinar el ROIM según Deloitte (2019), son las siguientes:

- *Ver.* Los directivos necesitan transparencia en todas las acciones que se han llevado a cabo sobre los distintos productos, servicios, regiones, marcas… y conocer el coste de ellas, como primer paso para determinar la efectividad.

- *Alinear.* Las acciones de marketing deben estar en consenso con los objetivos y prioridades comerciales.

- *Diseñar, orientar y priorizar.* Los comportamientos de los clientes, cómo dirigirse a ellos y sus reacciones deben ser un indicador para conocer si las estrategias y acciones son efectivas o deben cambiarse ante la respuesta de los consumidores.

- *Integrar.* El departamento de marketing lidera las acciones y las cuantifica; sin embargo, esto debe responder a una visión holística de la compañía donde se creen sinergias entre marcas.

- *Optimizar.* Los gastos deben ser compartidos entre los departamentos que integren las acciones, de tal forma que se optimicen los costes.

- *Desplegar.* Este paso se puede producir cuando todo lo anterior está listo. Con un enfoque conjunto, se pueden adaptar las mediciones, los gastos y las propias acciones.

Por tanto, determinar el retorno de la inversión en marketing (ROIM) puede ayudar a evaluar la productividad de las actividades de marketing, pero el ROIM tiene dos grandes desafíos:

- Se calcula y usa de múltiples maneras que pueden crear confusión en torno a la interpretación y la capacidad de acción comercial de los resultados.

- Medir el ROIM también puede distraer la atención de la gestión de la eficacia del marketing.

Por lo tanto, si bien el ROIM puede medir las contribuciones de marketing, para crear una alineación básica del gasto de marketing con las prioridades comerciales y desarrollar capacidades complementarias, es la gerencia quien realmente puede ayudar a administrar la efectividad del marketing. Entonces, ¿qué otras métricas utilizan los departamentos de marketing?

Los modelos econométricos, adoptados en marketing, se basan en las métricas cuantitativas para medir las acciones adoptadas en marketing sobre los indicadores, los KPI. Y para ello, se utilizan datos, que se miden anualmente de la misma forma y tienen distinta procedencia. Pueden ser datos internos de la empresa (número de ventas, crecimiento anual…), datos externos que procedan de agencias de investigación sobre tendencias de mercado y datos externos procedentes de organismos oficiales, que nos aportan un conocimiento a nivel macroeconómico.

Con la información de estas fuentes, se establecen modelos econométricos en marketing, y son de dos tipos:

- *Modelos predictivos.* Los modelos predictivos se utilizan en el corto plazo sobre una previsión de ventas. Para ello, se necesita una serie de ventas históricas, y con ello se puede analizar el comportamiento futuro de ventas, sin tener en cuenta otro tipo de factores.

- *Modelos causales.* Los modelos causales se utilizan para estimaciones en el medio plazo sobre una previsión de ventas, teniendo en cuenta factores adicionales a las ventas, como pueden ser la evolución de los precios, la estacionalidad, el dinero invertido en publicidad, es decir, todo aquello que puede introducir alguna excepción sobre una serie de ventas constante. Este modelo permite hacer un análisis en profundidad para determinar la causa a través de una explicación de los factores.

7.3. Plan de marketing digital: principales características frente al plan de marketing convencional

Existen diferentes tipos de compañías que se encuentran definidas en número de trabajadores, en número de departamentos y en volumen de facturación, que van a determinar el planteamiento de los planes por la alta dirección atendiendo a las necesidades.

A modo de resumen, vamos a repasar un organigrama tipo para englobar la posición del plan de marketing digital.

El plan estratégico de la compañía da lugar a planes estratégicos por áreas. Centrados en el departamento de marketing, este realizará su plan operativo, que puede ser convencional, digital o combinar ambos. A su vez, las acciones que se reflejen en él darán lugar a planes concretos por cada una de ellas.

En los últimos años, se ha observado que los planes de marketing digital se han trasladado a las acciones *offline*. Pese al crecimiento de los negocios digitales y el covid como impulsor de interacciones *online*, todavía existe espacio para las combinaciones *offline* y *online*.

Hay que estudiar qué estrategia se adapta mejor a nuestro público objetivo. Las estrategias onmicanal son las más frecuentes en los últimos tiempos. Dichas estrategias trabajan por ofrecer el mismo servicio al usuario con independencia del canal.

Figura 7.4. El plan de marketing en el plan estratégico de la compañía

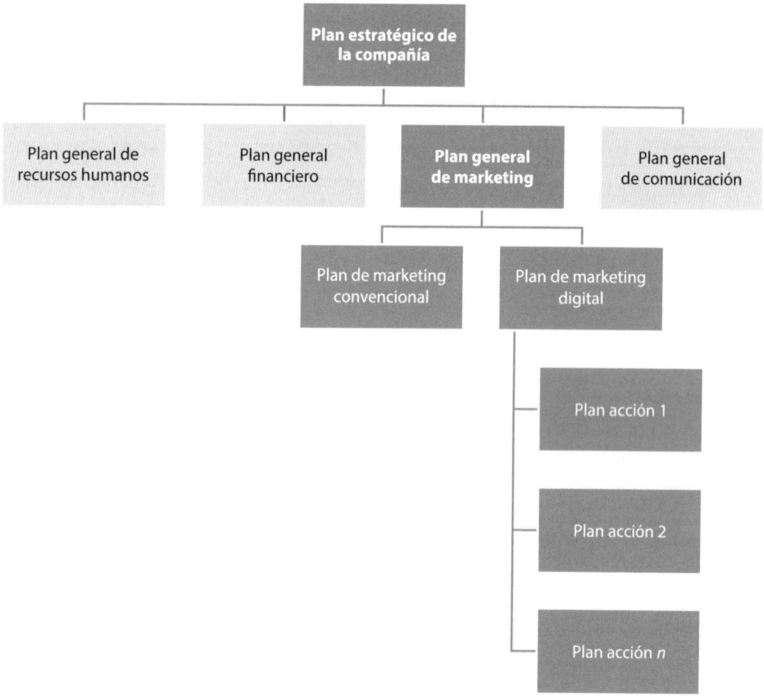

Fuente: Elaboración propia.

Precisamente el enfoque en el usuario es una de las acciones que más potencia el marketing digital y la personalización ha permitido el crecimiento en muchos negocios tradicionales que han adaptado su modelo, a un modelo centrado en el cliente. Esta alta vinculación a través de distintos canales, con alta disponibilidad, ha permitido el aumento de la fidelización, y son acciones que los planes de marketing digital incluyen, como se puede ver en la Tabla 7.4.

Tabla 7.4. Diferencias entre el marketing transaccional y el digital

Criterio	Marketing transaccional (convencional)	Marketing digital (moderno)
MARKETING MIX	• Tradicional 4 P.	• 4 F (flujo, funcionalidad, *feedback* y fidelización), accediendo al cliente por medios digitales (producto, canales y comunicación digitales).
ENFOQUE	• Mercado genérico.	• El individuo.
OBJETIVO	• Satisfacción y fidelización del cliente + venta del producto.	• Acceso al (y *feedback* del) cliente de forma individualizada + su fidelización.
FACTORES CLAVE	• Economías de escala. • Participación de mercado. • Resultados por producto.	• NTIC. • Accesibilidad individualizada. • Lealtad del cliente. • Resultados del cliente.
DISTRIBUCIÓN	• Venta directa (red de ventas propias) e indirecta (vía mayoristas, detallistas, etc.): medios *offline*.	• Venta directa a través de medios *online* (Internet, *mobile marketing, social media*, etc.).
SENSIBILIDAD PRECIO Y COSTES DE CAMBIO	• Bajos.	• Altos (vínculos establecidos).
COMUNICACIÓN	Comunicación convencional: • Publicidad *offline*. • Relaciones públicas. • Publicidad directa. • Marketing directo. • Promoción. • Esponsorización. • Fidelización *offline*. • Identidad visual. • Etc.	Comunicación digital: • Publicidad *online*. • *E-mail* marketing. • Marketing de afiliación. • Marketing viral *online*. • *Websites* y *minisites*. • *Mobile* marketing. • *Social media* marketing. • Fidelización *online*. • *Marketing content: branded content, digital* content y gamificación.

Fuente: Sainz de Vicuña (2024).

Esta evolución tiene su impacto en la forma de medir las acciones. El marketing digital trae consigo métricas específicas para las acciones. Existen indicadores genéricos de medición como los siguientes según Sainz de Vicuña (2024):

- *Generales*: Conversiones, porcentajes de rebote, tiempo en el sitio, porcentaje de conversión o tráfico por fuente.

- *Visibilidad alcanzada:* Páginas vistas, visitas, visitantes únicos, nuevos visitantes, visitantes que repiten, tiempo en la página, porcentaje de rebote, porcentaje de salida, usuarios únicos impactados o frecuencia media de impacto.

- *Engagements:* Mide la conexión e interacción de los usuarios por nuestro contenido. Se calcula a través de métricas como los clics, el tiempo de visualización de vídeos y otros comportamientos (reacciones, comentarios, compartidos) dividiendo las interacciones totales entre el alcance del contenido y multiplicando por cien para obtener un porcentaje de tasa de *engagement*.

- *Transacciones realizadas:* Coste y valor medio de la transacción, conversión por medio (por ejemplo, en redes sociales).

- *Tráfico generado:* Búsqueda orgánica (por ejemplo, en Google), tráfico directo y referido, tráfico social (por ejemplo, que llega de Facebook), búsquedas de pago (a través de enlaces SEM, por ejemplo, en Google), clics, coste por clic o ratio de *click through*.

- *Conversión a registros/altas/ventas:* Registros generados, coste de captación y ratios de conversión.

- *Estudio de frecuencia y cobertura (impactos):* Cobertura total por país y por campaña, impresiones a usuarios únicos por campaña y soporte, tasa de clic por usuario único por campaña y soporte o indicadores de frecuencia y solapamiento de audiencias.

- *Estudio de visitas (actividades/registros/ventas):* Número de usuarios únicos que visitaron el *site* como resultado de cada campaña publicitaria, identificación de las páginas más/menos visitadas, medición de las visitas por clic y postimpresión, y rentabilidad de la inversión en función de los registros/ ventas/actividades. Sainz de Vicuña (2024), sugiere que «también se utilicen los indicadores específicos de cada medio digital empleado (Internet, email marketing, TV IP, *mobile marketing*, marketing interactivo, redes sociales o publicidad *online*)». De tal forma que se establecen KPI para cada ámbito de forma específica y diferenciada, otorgando a la medición mayor rigor:

- *KPI (específicos) de las redes sociales:* Por ejemplo, los «me gusta (*like*)», *reach* y *engagement* de Facebook, y los tuits, *followers, impressions,* clics, menciones, retuits y *favorites* de Twitter (actualmente X). Además del volumen, las interacciones/impactos y la comunidad/impactos.

- *KPI de la publicidad online:* Cantidad de impresiones, alcance (*reach*)/frecuencia de impacto, coste, *engagement*, CPM, clics, CTR, CPC, GRP (cobertura × frecuencia), *engage visit rate*, coste por página vista, coste por conversión, ingresos, ingresos por visita e ingresos por página.

7.4. Recomendaciones y limitaciones en la implementación del plan

En definitiva, plantear un plan de marketing no es tarea sencilla y se necesita de un conocimiento profundo en términos de estrategia, comunicación y medición.

Algunos de los principales consejos que tener en cuenta y que no se deben olvidar, además de lo ya comentado, son los siguientes aspectos:

- *Dar prioridad a las acciones.* Es importante a la hora de abordar un número de acciones importante en un corto tiempo. Además, estas serán las más importantes sobre las que hacer seguimiento y control.

- *Disponer de un cuadro de mando* que permita visualizar el cumplimiento de las acciones a través de los indicadores mediante el uso de gráficas y tablas.

- *Dar a conocer el plan de marketing de forma interna* en el propio departamento y en el resto de los departamentos para lograr la evangelización del marketing en la organización. Para establecer una comunicación efectiva, se recomienda hacer un plan de comunicación para los *stakeholders* implicados.

Por su parte, en ocasiones no se cuenta con el escenario idóneo para desarrollar el plan, debido a situaciones que hacen que se tengan que proponer soluciones alternativas. Por ello, se debe detectar si se cuenta con los recursos y apoyos necesarios para la elaboración e implantación. Los problemas más habituales son los siguientes:

- Falta de apoyo por parte de los directores ejecutivos y de la alta dirección.

- Inexistencia de «planes» para la planificación.

- Inexistencia de apoyo por parte de la dirección operativa debido a la hostilidad, falta de conocimiento, falta de recursos, falta de información o inadecuada estructura organizativa.

- Confusión respecto a los términos utilizados en el proceso de planificación.

- Se utilizan cifras en vez de objetivos y estrategias.

- Demasiados detalles, demasiadas cosas por hacer.

- La planificación se convierte en un ritual anual.

- Falta de coherencia entre el plan de marketing estratégico y el plan de marketing digital (operativo).

- El plan de marketing no se integra eficazmente dentro del sistema global de planificación de la empresa.

- Se delega la planificación a los planificadores.

Microejercicio. Realización de un plan de marketing

Objetivo

Practicar por parte del estudiante la elaboración de acciones que contienen un plan de marketing sencillo. Para ello:

1. Elige un producto o servicio.
2. Define el público objetivo.
3. Define dos objetivos SMART.
4. Diseña tres acciones de marketing para alcanzar estos objetivos.
5. Destina un indicador de medición para cada acción.
6. Indica una acción de contingencia para la acción de marketing que creas que tiene mayores posibilidades de incumplirse.

Contesta a las siguiente pregunta: ¿por qué es importante estructurar un plan de marketing antes de iniciar acciones promocionales?

Capítulo 8

Marketing digital y automatización

8.1. Introducción

En el mundo actual, el marketing ha evolucionado de una forma importante, ya que ha tenido que adaptarse a las nuevas tecnologías y a los cambios constantes en el comportamiento del consumidor. En este contexto, el marketing digital se ha convertido en una herramienta clave para las empresas, pues es una herramienta que les sirve para conectar de una forma más eficaz con sus clientes.

8.2. Definición de marketing digital

Cuando hablamos de marketing digital, nos estamos refiriendo al uso de estrategias y técnicas que emplean en la actualidad las empresas para promocionar sus productos y servicios mediante la utilización de nuevas herramientas que ha facilitado la sociedad de la información con la aparición de Internet: web, redes sociales, *email marketing*, etc. (Kotler, 2004).

El marketing digital presenta muchas ventajas para las empresas, pero una de las más interesantes para el mundo empresarial es la posibilidad de interactuar de una manera más directa y personalizada con los consumidores. Esto permite atraer y fidelizar de forma más eficaz a los clientes, que es el objetivo de cualquier empresa, además de proporcionar una medición muy precisa de los resultados.

8.3. Componentes del marketing digital

Como hemos comentado con anterioridad, las marcas han evolucionado en la forma en la que llegan a su público con el objetivo de conectar con él de manera eficaz. Las herramientas que las nuevas tecnologías ponen a disposición de la empresa en la actualidad son muy variadas. Esta es una lista de las más utilizadas en la actualidad:

- *SEO*: Este concepto hace referencia a las siglas en inglés de *search engine optimization* y se define como el mecanismo por el cual podemos optimizar un sitio web. La idea es que cuando alguien realice una búsqueda en Internet sobre algún producto o servicio, ya sea mediante Google o cualquier otro motor de búsqueda, tus productos aparezcan entre los primeros que ofrece el buscador. Con esto se consigue una mayor visibilidad (de tu marca, producto o servicio). También genera un aumento del tráfico, es decir, conseguir que personas que buscan productos como los que ofrece tu empresa terminen accediendo a tu página web). Está comprobado que ayuda a mejorar la imagen de marca de tu empresa cuando tu página web está bien diseñada y es atractiva. Otro aspecto positivo es que se consigue mejorar la experiencia de los usuarios. Además, y este aspecto es una de las grandes ventajas, en comparación con la publicidad tradicional, la inversión es mucho más reducida.

  Para conseguir un buen posicionamiento SEO, las empresas utilizan técnicas variadas. Algunas de las más habituales son las siguientes: la utilización de palabras claves para describir a los productos y servicios ofertados, la generación de contenidos para informar a los consumidores (blog, artículos temáticos, sección de preguntas frecuentes, etc.) o la utilización de imágenes llamativas de alta calidad que capten la atención de los usuarios.

- *SEM*: Cuando hablamos de este concepto, nos estamos refiriendo a las siglas en inglés de *search engine marketing* y en la actualidad se ha convertido en una de las prácticas más comunes del marketing digital. Es una táctica utilizada por las empresas, que consiste en pagar por publicidad con el objetivo de conseguir un incremento de la visibilidad de la página web de la empresa, es decir, pagar para que tus productos o servicios aparezcan en los motores de búsqueda.

El SEM tiene la gran utilidad de aumentar el tráfico de una página web de forma rápida y efectiva. Al aparecer la publicidad en los resultados de búsqueda, se consigue elevar la visibilidad de la marca, captando a posibles consumidores que han mostrado interés por productos específicos. Además, esta táctica permite segmentar los anuncios por diferentes variables, lo que ayuda a conectar de una forma más rápida y eficaz con el público objetivo que previamente ha sido definido por la empresa. Esto en la práctica significa que el retorno de la inversión es mucho más rápido.

Otra de las ventajas es que te permite tener un mayor control de las acciones, ya que la empresa puede establecer presupuestos diarios y pagar únicamente por los clics recibidos, lo que se conoce con el nombre de PPC.

Por otra parte, al ser un sistema flexible, las acciones de SEM pueden alterarse en tiempo real según los resultados obtenidos, lo que ayuda a la empresa a adaptarse a las necesidades cambiantes del mercado.

Por último, también es importante destacar que las plataformas SEM ponen a disposición de las empresas herramientas que sirven para evaluar el rendimiento de las acciones realizadas. Algunas de las más conocidas son: Google Ads, Bing Ads, SEMrush, etc.

• *Marketing de contenidos:* Es una estrategia que consiste en crear contenidos atractivos con el fin de atraer al público objetivo que ha sido definido con anterioridad por la propia empresa.

Está demostrado que la creación de contenido de calidad incrementa el tráfico en la página web de una empresa, ganando una mayor visibilidad y, por consiguiente, incrementando las posibilidades de conversión.

Otro de los elementos importantes es que genera confianza entre los clientes y potenciales clientes. En el primer caso, ayuda a incrementar los índices de lealtad de los clientes que ya están en cartera. En el segundo caso, en el de los potenciales clientes, ayuda a la empresa en el camino del embudo de ventas desde el conocimiento hasta la conversión.

Algunas de las herramientas más conocidas de marketing de contenido son:

a) *BuzzSumo*: Que te ayuda a mejorar la comunicación con tus clientes y potenciales clientes. Permite analizar las redes sociales y ver qué contenido es el más compartido en estas plataformas. Es una herramienta que es capaz de descubrir tendencias, temas o preguntas que son de actualidad y que se encuentran en boca de los usuarios de Internet. Esto permite a las empresas tener información de qué es lo que demanda el mercado.

   También ayuda a las empresas en la búsqueda de *influencers*. Lo importante no es elegir el *influencer* que más seguidores tenga, sino el que mejor conecta con tu audiencia.

   Con Buzzsumo también se da la posibilidad de monitorizar la red, lo que permite a las empresas saber lo que se está hablando de ellas y tener información sobre lo que opina el público de tu negocio.

b) *Canva:* Es una herramienta que ayuda a las empresas a generar imágenes y gráficos de alta calidad para utilizarlos en la elaboración de contenidos atractivos. Ofrece a las empresas una amplia variedad de plantillas, fotos y tipografía que pueden utilizar en la creación de sus contenidos.

Se puede utilizar para crear tarjetas de visitas, publicaciones por Instagram, elaboración de *ebooks*, catálogos, etc.

c) *Hootsuite*: Herramienta digital que es capaz de gestionar y monitorizar en una sola plataforma diferentes perfiles de redes sociales ya sean personales o corporativos. Permite planificar, programar, publicar y monitorizar el contenido de los perfiles en las redes sociales como Facebook, Instagram, LinkedIn, Twitter (X)... Esto permite tener una presencia muy activa en estos medios.

- *Marketing en redes rociales:* Esta estrategia la usan en la actualidad de forma muy frecuente las empresas y consiste en la utilización de las plataformas de redes sociales tipo Facebook, Instagram, Twitter, LinkedIn, etc., para promocionar sus productos, servicios y conseguir una mayor visibilidad de su marca, pues facilita la interacción directa con los clientes. Esta relación más cercana ayuda a construir relaciones más fuertes y personalizadas.

Otra ventaja muy valorada por las empresas que utilizan esta estrategia es que genera un aumento del tráfico, ya que las campañas en estas plataformas facilitan el acceso de los consumidores a sus páginas web y el volumen de conversiones también aumenta.

Existe en la actualidad un gran número de herramientas para el uso de marketing en redes sociales. Algunas de ellas son:

a) *Buffer*: Es una herramienta de gestión de redes sociales que permite a las empresas de una forma sencilla e intuitiva programar publicaciones, monitorear conversaciones y analizar el rendimiento.

b) *Hootsuite*: Al igual que la anterior, permite la programación y publicación de contenido en redes sociales. Es una herramienta más compleja, pero es muy útil para equipos amplios que gestionan múltiples cuentas.

c) *Sprout Social*: Es una herramienta que realiza análisis de rendimiento, gestión de mensajes e informes detallados.

d) *Google Analytics-UTM*: Son dos herramientas que trabajan juntas para rastrear y analizar el tráfico de un sitio web. Para los más novatos en estos temas, hay que decir que los parámetros UTM son etiquetas que se añaden a las URL de enlaces de marketing y que permiten a Google Analytics identificar el origen del tráfico que se genera: como la fuente (ej.: Facebook), el medio (ej.: red social) y la campaña. Esta información permite a los departamentos de marketing analizar el rendimiento de sus campañas y entender cómo llegan los usuarios a su sitio web.

e) *Facebook Insights / Instagram Insights / X Analytics*: Son herramientas internas para estadísticas específicas de cada red. La primera es muy útil para realizar análisis completos de páginas. La segunda está muy enfocada en la creación de contenido visual de calidad. La última te permite obtener información sobre la evolución diaria y *top tweets* y medición del impacto en tiempo real.

- *Email marketing:* Sigue siendo una estrategia muy efectiva para fidelizar y comunicar de forma efectiva con tu público. Esta táctica consiste en el envío de correos electrónicos a una lista de suscriptores para promocionar productos o servicios. Es importante por mantener a los clientes informados y comprometidos.

Algunas de las herramientas más populares de *email marketing* son las siguientes:

a) *Mailchimp*. Está muy pensada para empresas de pequeño tamaño. Ofrece plantillas prediseñadas de fácil uso, informes sencillos y la posibilidad de realizar segmentaciones sencillas.

b) *MailerLite*. Permite automatizaciones más avanzadas que la anterior, aunque con menos integraciones. También ofrece la posibilidad de hacer segmentaciones dinámicas.

c) *ActiveCampaign.* Muy utilizada en empresas más grandes, *ecommerces*, agencias y ventas B2B. Permite hacer segmentaciones muy detalladas.

d) *Klaviyo.* Está muy pensado para tiendas *online*, especialmente Shopify. Para los que no lo conozcan, Shopify es una herramienta que permite a las empresas crear un sitio web para subir tus productos (con información acerca de ellos: precios, fotos, etc.), aceptar pagos mediante tarjeta, Paypal, etc., e integrarte en las redes sociales.

Klaviyo también te permite hacer segmentaciones y análisis de ingresos por campañas.

- *Publicidad de pago por clic (PPC):* Es un tipo de publicidad en el que las empresas pagan cada vez que alguien hace clic en alguno de sus anuncios.

Algunas de las plataformas más conocidas son Google Ads o Bing Ads. Para ello lo más importante es crear anuncios atractivos que despierten la atención de los consumidores y la utilización de palabras claves.

8.4. Nuevas tendencias emergentes en marketing digital

En la época en que vivimos de constante transformación tecnológica, podemos observar como el marketing digital evoluciona de forma rápida. Elementos como la irrupción de la inteligencia artificial, por poner un ejemplo, van a provocar importantes cambios que van a ir transformando de forma rápida este sector. Vamos a dedicar algunas líneas a algunos de estos cambios que consideramos van a jugar un papel destaco a corto y medio plazo.

8.4.1. Inteligencia artificial y marketing predictivo

Una de las ventajas que nos ofrece la IA es que permite a las empresas analizar grandes volúmenes de datos, lo que les da la ventaja de poder anticiparse a las demandas de los consumidores y personalizar los productos. Herramientas como los motores de recomendación (Netflix, Amazon) o los asistentes virtuales (como los *chatbots*) son ejemplos claros de cómo la IA mejora la eficiencia y la relevancia del marketing.

Algunas de las utilidades más destacas son la posibilidad de segmentación automática, la capacidad de poder segmentar los contenidos en tiempo real o la optimización de campañas publicitarias mediante algoritmos.

En cuanto a la segmentación automática, hay que decir que se utilizan algoritmos de aprendizaje automático para analizar grandes volúmenes de datos y agrupar a los consumidores según un conjunto de características, sin necesidad de que participe una persona.

La información obtenida proviene de compras realizadas en el pasado, historial de navegación, uso de redes sociales que tienen los consumidores, etc.

Las técnicas utilizadas por los expertos en investigación de mercados son variadas: el análisis clúster, el árbol de segmentación o las redes neuronales, entre otras. Tienen una ventaja importante y es que te permiten ir actualizando en tiempo real estas agrupaciones a medida que vamos alimentando la base de datos con nueva información de los consumidores.

En segundo lugar, hemos comentado la posibilidad de personalización de contenidos en tiempo real. El uso de la IA da la opción a las empresas de ir adaptando los contenidos que ofrecen a sus potenciales consumidores en cada momento. Unos ejemplos conocidos son las adaptaciones que realizan Netflix o Spotify, que van modificando su oferta según el perfil del visitante y el historial de navegación de estas personas. Esto tiene grandes ventajas, como el aumento de la tasa de conversión y la mejora de la experiencia de los consumidores, entre otras.

También hemos comentado la posibilidad de optimización de las campañas publicitarias mediante algoritmos, que ayuda a las empresas a reducir el gasto en campañas publicitarias.

En estos momentos existe en el mercado una gran variedad de herramientas para realizar estas tareas y que son las conocidas como plataformas de gestión de campañas que han integrado IA. Algunas de las más conocidas son Google Performance Max o Meta Advantage+.

8.4.2. Marketing conversacional

El uso de *chatbots*, asistentes virtuales y mensajería instantánea (WhatsApp Business, Facebook Messenger) también son elementos modernos que están aportando grandes oportunidades a las empresas para interactuar de una forma más ágil con los clientes, lo que incrementa la conversión y fidelización.

Las herramientas que más interés están despertando entre las empresas son:

- *Chatbots en sitios web:* Son muy útiles, ya que son capaces de responder a preguntas frecuentes, guían al usuario y generan *leads*.

- *Mensajería instantánea:* Ejemplos de estas opciones son las proporcionadas por WhatsApp (WhatsApp Business) o Facebook Messenger.

- *Los asistentes de voz*, como los conocidos Alexa, Google Assistant, Siri, etc.

8.4.3. Realidad aumentada (AR) y realidad virtual (VR)

Estas tecnologías permiten crear experiencias inmersivas que conectan emocionalmente con los consumidores. Cada vez más marcas han desarrollo tecnologías que permiten a los usuarios visualizar productos en su entorno, realizar inclusiones interactivas en tiendas o participar en juegos.

Hay que distinguir entre AR y VR. La primera superpone elementos digitales (imágenes, sonidos, datos) sobre el mundo real a través de dispositivos como *smartphones*, *tablets* o gafas inteligentes. De este modo, las personas pueden seguir interactuando con su entorno físico al tiempo que obtienen información adicional de los dispositivos utilizados. En cambio, la segunda es capaz de crear un entorno completamente alternativo al mundo real, mediante la utilización de gafas VR (Oculus, HTC Vive, etc.).

Las aplicaciones de estas herramientas son variadas. Algunas de las más frecuentes son:

- La AR permite a los consumidores visualizar cómo se vería un producto en su entorno real.

- Experiencias inmersivas de marca mediante la generación de mundos virtuales en los que los consumidores pueden utilizar productos o vivir experiencias relacionadas con la marca.

- Publicidad interactiva de tal forma que los usuarios puedan interactuar con los contenidos publicitarios.

- Uso de la gamificación para aumentar la participación de los usuarios con las marcas.

8.4.4. El uso de *influencers* en marketing

Otra de las actividades que está creciendo en el mundo del marketing digital en los últimos años es el marketing de *influencers*. Su auge deriva de su utilidad en la generación de confianza y autenticidad, especialmente en nichos específicos.

Estas técnicas consisten en la colaboración con personas que tienen una audiencia importante en redes sociales, con el objetivo de promocionar productos, servicios o valores de marca. Su utilidad está en la credibilidad y la relación cercana que estos creadores consiguen con sus seguidores.

Las plataformas que con más frecuencia se utilizan son las ampliamente conocidas como Instragram, TikTok, YouTube, Twitch o LinkedIn.

8.5. Elementos éticos del marketing digital

Uno de los elementos que más debate genera el marketing digital nace del uso de los datos que se utilizan de los consumidores. Hay muchos elementos que tener en cuenta y que cada vez están más regulados por las leyes vigentes en los diferentes países. Algunos de estos aspectos son:

- *Privacidad y protección de datos.* Estamos hablando de uno de los elementos que más debate ha generado en los últimos años con relación al marketing digital. Este problema surge de la utilización con frecuencia de datos sin que exista un consentimiento explícito por parte de los consumidores. Para ello se han promulgado leyes que intentan luchar contra este problema: a) Reglamento General de Protección de Datos (RGPD) o b) la Ley Orgánica 3/2018 de Protección de Datos Personales y Garantía de los Derechos Digitales (LOPDGDD).

- *El problema del uso de publicidad engañosa.* Nos enfrentamos a otro de los grandes retos en el futuro del marketing digital. Se ha podido constatar en los últimos años un uso frecuente del uso de publicidad falsa. Esto ha llevado a las Administraciones a ejercer un mayor control sobre la veracidad de los mensajes y la claridad en lo que ofrecen.

  Para resolver este problema, existen en España organismos cuyo objetivo es asegurar las buenas prácticas en el mundo publicitario: es el caso de Autocontrol, que es un órgano de autorregulación que resuelve reclamaciones sobre publicidad engañosa.

- *El sesgo de los algoritmos utilizados.* Un aspecto que está suscitando una gran preocupación es el uso de algoritmos que debido al sesgo que tienen pueden llegar a excluir a grupos sociales específicos en función de la edad, género o etnia.

* *Impacto ambiental.* El envío masivo de correos, el uso de servidores y la publicidad programática consumen energía.

En definitiva, nos enfrentamos a una serie de retos claves para el futuro del marketing digital como son la transparencia, el consentimiento del consumidor en el uso de sus datos, acabar con la discriminación o un marketing más sostenible.

Microejercicio. Estrategias digitales y ética en el marketing actual

Objetivo del microejercicio

Aplicar los conocimientos sobre herramientas y tendencias del marketing digital para diseñar una estrategia efectiva y ética, adaptada a los desafíos actuales del entorno digital.

Preguntas

1. Diseño de estrategia digital

Imagina que trabajas para una marca de ropa sostenible que quiere aumentar su visibilidad *online*. ¿Qué combinación de herramientas de marketing digital (SEO, SEM, redes sociales, *email marketing*, etc.) utilizarías y por qué?

2. Tendencias emergentes

¿Cómo podrías integrar la inteligencia artificial o la realidad aumentada en tu estrategia para mejorar la experiencia del cliente o aumentar las conversiones?

3. Marketing de influencers

¿Qué criterios utilizarías para seleccionar a un *influencer* adecuado para tu marca? ¿Qué ventajas y riesgos ves en esta estrategia?

4. Ética digital

¿Qué medidas tomarías para asegurar que tu estrategia de marketing digital respeta la privacidad de los usuarios y evita sesgos algorítmicos?

Conclusiones

Este ejercicio permite al lector:

- Comprender cómo combinar herramientas digitales para crear campañas efectivas.
- Valorar el impacto de las nuevas tecnologías en la personalización y automatización del marketing.
- Reflexionar sobre la importancia de la ética y la sostenibilidad en el entorno digital.
- Desarrollar pensamiento crítico sobre el uso responsable de los datos y la tecnología.

Capítulo 9

Marketing responsable

L as empresas en la actualidad deben incorporar el propósito en sus modelos de negocio para ofrecer un compromiso social a largo plazo. Esto dota a la empresa no solo de perspectiva, sino que también aporta veracidad a su compromiso de responsabilidad empresarial.

9.1. Marketing responsable y su relación con la responsabilidad social corporativa

En un entorno empresarial cada vez más consciente y exigente, la responsabilidad social corporativa (RSC) y el marketing responsable emergen como pilares fundamentales para construir relaciones sólidas y sostenibles con los grupos de interés. Así, la integración del marketing responsable dentro del marco de la RSC se convierte en un camino estratégico para fomentar la confianza, la fidelidad y la diferenciación en mercados cada vez más competitivos, respondiendo a una demanda social creciente por parte de las marcas comprometidas con el bienestar colectivo.

La responsabilidad social corporativa nace como el compromiso voluntario de las empresas con el desarrollo social, económico y ambiental, trasciende la filantropía para integrarse en la estrategia y operación del negocio. En este contexto, el marketing responsable actúa como una extensión ética de dicha responsabilidad, orientando las prácticas de comunicación y promoción hacia la transparencia, el respeto por los consumidores y la creación de valor compartido.

La responsabilidad social corporativa (RSC) es un enfoque de gestión empresarial que implica integrar valores sociales, éticos y medioambientales en las operaciones corporativas y en la interacción con los *stakeholders*. En el contexto del marketing, la RSC adquiere un papel estratégico al convertirse en un puente entre los valores de la empresa y las expectativas de los consumidores y la sociedad en general. A continuación, se desarrollan aspectos clave de esta relación: la integración de la RSC en las estrategias de marketing, el marketing con causa y la sostenibilidad, la diferencia entre responsabilidad auténtica y *greenwashing*, y las métricas para evaluar la ética en el marketing.

Enfoques de RSC en marketing:

- *Marketing con causa.* Asociar la marca con una causa social (por ejemplo, donaciones por cada compra).

- *Sostenibilidad.* Promover productos que respetan el medio ambiente y prácticas responsables a lo largo de la cadena de valor.

- *Ética interna.* Garantizar condiciones laborales justas, inclusión y transparencia en la cultura corporativa.

Es crucial que estas iniciativas sean auténticas y no meramente estéticas o de «lavado verde» (*greenwashing*), ya que la falta de coherencia puede erosionar la confianza de los consumidores.

El marketing responsable es una estrategia que integra valores de responsabilidad social en los procesos de marketing y comunicación de una empresa. Esto implica que la empresa no solo se enfoca en la venta de productos o servicios, sino también en el bienestar de las personas y el medio ambiente. Precisamente, abordar estas tres perspectivas, económica, social y ambiental, se refiere a la triple visión del marketing responsable. El objetivo que se persigue es crear una relación de «ganar-ganar» entre la empresa y sus *stakeholders*, mejorando la percepción de marca y construyendo relaciones duraderas.

En ocasiones, esta disciplina puede confundirse con el marketing verde, también conocido como *marketing ecológico* o *sostenible*.

El marketing verde puede verse como una subcategoría dentro del marketing responsable. La diferencia fundamental es que mientras que el marketing responsable actúa como un marco amplio, el marketing verde se enfoca en el factor de sostenibilidad ecológica. En su estrategia comercial promueve productos, servicios o iniciativas que son respetuosos con el medioambiente y que contribuyen a la sostenibilidad.

A diferencia de otras formas de marketing, el marketing verde se enfoca en resaltar el impacto positivo de un producto o servicio en el medioambiente, fomentando el consumo responsable y la concienciación sobre la importancia de la sostenibilidad. A continuación, en la Tabla 9.1 se muestran las principales diferencias entre ambos conceptos.

Tabla 9.1. Diferencias entre el marketing verde y el marketing responsable

Aspecto	Marketing verde	Marketing responsable
Enfoque	Medioambiente y sostenibilidad ecológica	Ética integral: medioambiente, derechos humanos, equidad, etc.
Cobertura	Específica: productos eco, procesos limpios, reciclaje	Amplia: incluye prácticas laborales, diversidad, consumo ético
Riesgo de *greenwhashing*	Alto si no hay acciones reales detrás de la comunicación	Menor si se aplica una gestión ética transversal

Fuente: Elaboración propia.

9.2. *Greenwashing*: problemas, desafíos y normativa europea

El *greenwashing* o ecoblanqueo se refiere a la práctica de algunas empresas que exageran o falsifican su compromiso ambiental con fines de marketing. Este fenómeno representa uno de los principales desafíos éticos para el marketing contemporáneo, ya que pone en riesgo la confianza del consumidor y debilita la efectividad de las verdaderas iniciativas sostenibles.

9.2.1. Problemas y desafíos del *greenwashing*

El principal problema del *greenwashing* es que socava la credibilidad de la organización. Cuando los consumidores descubren que las afirmaciones sostenibles no están respaldadas por acciones reales, se produce una pérdida de confianza generalizada hacia todas las marcas (Delmas & Burbano, 2011).

Para que el marketing verde sea verdaderamente responsable, debe estar respaldado por una estrategia integral de responsabilidad social corporativa (RSC) y evitar caer en prácticas de *greenwashing* (Trevino & Nelson, 2021). Para ello, la comunicación transparente por parte de la empresa es una acción fundamental que gestionar. La publicidad puede ser percibida como engañosa por parte de los consumidores, lo cual provoca rechazo en el cliente e impacta con una mala imagen de la marca. Para ello, la empresa debe perseguir la integración de la sostenibilidad desde la producción hasta la distribución y embalaje. Solo con las mencionadas acciones, se podrá influir en las decisiones de compra del consumidor concienciado con el medioambiente.

Adicionalmente, la práctica del *greenwashing* no solo afecta a la relación cliente-empresa; también provoca una distorsión de la competencia, lo que supone un problema para crear empresas verdaderamente responsables. Las empresas no responsables pueden obtener ventajas reputacionales engañosas sobre aquellas que invierten realmente en sostenibilidad. Esta práctica también desalienta la innovación en productos y procesos verdaderamente sostenibles, pues los incentivos del mercado se ven manipulados por estrategias comunicativas engañosas. Por ello, existe una lucha mediante directivas europeas que combaten este tipo de prácticas, ya que su existencia supone un desafío para las empresas y el propio marketing como disciplina.

El departamento de marketing, en particular, debe garantizar que los mensajes ambientales estén alineados con la realidad operativa de la empresa, evitando afirmaciones vagas como «*eco-friendly*», «verde» o «natural» sin pruebas ni certificaciones externas (OECD, 2023).

Adicionalmente, las empresas verdaderamente responsables se enfrentan a una inmadurez del sector y por ello se enfrentan a dificultades que les impiden realizar una comunicación eficaz de sus acciones como son las siguientes:

• Falta de estándares universales sobre lo que se considera «verde» o «sostenible». Uno de los principales desafíos en el ámbito de la sostenibilidad empresarial es la ausencia de criterios unificados a nivel global que definan con precisión qué prácticas pueden considerarse verdaderamente «verdes».

• Complejidad en medir y reportar impactos ambientales reales. A pesar del creciente interés por la sostenibilidad, muchas empresas aún carecen de herramientas y metodologías efectivas para medir de forma rigurosa y estandarizada sus impactos ambientales. Evaluar huellas de carbono, uso de recursos o eficiencia energética puede implicar procesos técnicos complejos y costosos, especialmente para pequeñas y medianas empresas. Esta limitación afecta a la transparencia y la capacidad de las compañías para comunicar con precisión sus avances en sostenibilidad, generando escepticismo entre los consumidores y otros grupos de interés.

• Presión del mercado por mostrar responsabilidad antes de haber alcanzado cambios significativos. En un entorno donde la imagen corporativa se ve fuertemente influenciada por la percepción pública, muchas empresas se ven tentadas a comunicar compromisos de responsabilidad social y ambiental antes de contar con resultados tangibles.

9.2.2. Normativa europea sobre *greenwashing*

Respecto al *greenwashing* y ante su crecimiento, la Unión Europea ha avanzado en legislación para proteger al consumidor: Directiva

(UE) 2024/825 del Parlamento Europeo y del Consejo de 28 de febrero de 2024 en lo que respecta al empoderamiento de los consumidores para la transición ecológica mediante una mejor protección contra las prácticas desleales y mediante una mejor información (Directiva contra el *Greenwashing* o *Greenwashing Directive*). La fecha de entrada en vigor es el 26 de marzo de 2026.

El objetivo principal de la Directiva (UE) 2024/825 es empoderar a las personas consumidoras para la transición ecológica, proporcionándoles una mejor protección contra prácticas comerciales desleales y una mayor información. Esto se logra a través de la introducción de normas específicas en el derecho de la Unión para abordar prácticas engañosas que afectan a la capacidad de los/as consumidores/as para tomar decisiones de consumo sostenibles, como la obsolescencia temprana, las afirmaciones medioambientales engañosas, la información engañosa sobre las características sociales de los productos y los distintivos de sostenibilidad poco transparentes.

Esta norma medioambiental, a nivel europeo, afecta a todas las empresas. Las microempresas quedarían exentas. Las pymes tendrán un año adicional para cumplir con los requisitos.

Por su parte, los principales grupos de interés a los que impacta son los relativos a cadena de suministro, consumidores y consejo de administración.

En este sentido, las empresas tienen varias obligaciones en el marco de la Directiva (UE) 2024/825 para garantizar una mayor protección a la persona consumidora y promover la transición ecológica:

- *Proporcionar información clara, pertinente y fiable* a los consumidores, especialmente en lo que respecta a la obsolescencia temprana de los bienes, afirmaciones medioambientales, características sociales de los productos y distintivos de sostenibilidad.

- Evitar prácticas comerciales engañosas, como la planificación deliberada de la obsolescencia temprana de los productos y la publicidad de beneficios irrelevantes para las personas consumidoras.

- *Informar a los consumidores* sobre la disponibilidad de opciones de entrega respetuosas con el medioambiente y sobre la existencia de servicios postventa, incluidos los servicios de reparación.

- *Proporcionar información clara* sobre las actualizaciones de *software* y sus efectos en el funcionamiento de los bienes digitales.

Para garantizar el cumplimiento de las obligaciones impuestas a las empresas en el marco de la Directiva (UE) 2024/825, se establecen los siguientes mecanismos:

- *Verificación por terceros expertos.* Las empresas pueden ser requeridas a someter sus compromisos y metas medioambientales a la verificación de terceros expertos independientes. Estos expertos deben tener experiencia y competencia en cuestiones medioambientales y estar facultados para supervisar el progreso de las empresas en relación con sus compromisos.

- *Disponibilidad de información.* Las empresas deben garantizar que las conclusiones periódicas de los terceros expertos estén a disposición de las personas consumidoras. Esto asegura la transparencia en el cumplimiento de las obligaciones y permite a los/as consumidores/as tomar decisiones informadas.

- *Cumplimiento normativo.* Las autoridades competentes pueden llevar a cabo inspecciones y auditorías para verificar el cumplimiento de las obligaciones establecidas en la directiva. En caso de incumplimiento, se pueden aplicar sanciones y medidas correctivas como la retirada o suspensión del uso de distintivos de sostenibilidad, multas o penalizaciones y supervisión o seguimiento continuo.

Las empresas incumplidoras podrían quedar temporalmente excluidas de licitaciones de contratación pública, perder sus ingresos y afrontar multas de al menos el 4% de sus ingresos anuales.

Las Administraciones públicas tienen el compromiso de fomentar la adopción de prácticas sostenibles y transparentes en el mercado, así como de facilitar el acceso de las empresas, especialmente las pequeñas y medianas, a los distintivos de sostenibilidad.

La Directiva 2024/825 prohíbe la exhibición de distintivos de sostenibilidad que no se basen en un sistema de certificación o que no hayan sido establecidos por las autoridades públicas, mediante la inclusión de tales prácticas en la lista del anexo I de la Directiva 2005/29/CE relativa a las prácticas comerciales desleales de las empresas en sus relaciones con los consumidores en el mercado interior.

Esta directiva se enmarca dentro del *Green Deal* europeo y busca empoderar a los consumidores en la transición ecológica mediante la transparencia y la rendición de cuentas. Se espera que, una vez adoptada por el Parlamento y el Consejo Europeo, se convierta en un instrumento normativo de referencia para todos los Estados miembros.

9.3. Certificaciones y estándares internacionales (ISO, Global Compact, etc.)

Aunque esta disciplina se está creando, existen certificaciones y estándares internacionales que permiten que establecer marcos de referencia claros, medibles y reconocidos globalmente para evaluar y demostrar el compromiso de una empresa con prácticas responsables y éticas tanto en el ámbito operativo como en sus estrategias de marketing. Esto es fundamental para garantizar la competitividad y la mejora continua.

A continuación, se presentan los principales marcos, que proporcionan estándares y guías estructuradas para que las organizaciones implementen, supervisen y mejoren sus políticas en áreas como gestión ambiental (ISO 14001), derechos humanos, ética laboral o lucha contra la corrupción (Global Compact). Esto reduce la ambigüedad y permite a las empresas alinear sus estrategias con buenas prácticas globales. Las certificaciones y estándares internacionales, como la ISO 14001 o el Pacto Global de las Naciones Unidas, promueven prácticas empresariales responsables y sostenibles. En lugar de explotar vulnerabilidades o difundir desinformación, las organizaciones que adoptan estos marcos se comprometen con una comunicación inclusiva y ética.

Las empresas adheridas al Pacto Global deben presentar anualmente un Informe de Progreso (*Communication on Progress*), en el que detallan sus avances en sostenibilidad y responsabilidad social. Este informe puede incluir indicadores relacionados con el marketing ético, reflejando el compromiso de la empresa con valores como la transparencia, la equidad y el respeto por los derechos humanos.

9.3.1. ISO 14001: Gestión ambiental

La norma ISO 14001 establece los criterios para implantar un sistema de gestión ambiental efectivo. Aunque no es específica del marketing, su implementación implica que las actividades promocionales, como la producción de materiales publicitarios, eventos y empaques promocionales, consideren su impacto ambiental (ISO, 2015). Las empresas que certifican esta norma pueden utilizarla como parte de su narrativa de sostenibilidad en las campañas, siempre que lo hagan de forma veraz y sin incurrir en *greenwashing*.

9.3.2. ISO 9001: Gestión de calidad

La ISO 9001, enfocada en sistemas de gestión de calidad, también tiene relevancia ética en marketing. Al estandarizar procesos y promover la mejora continua, ayuda a garantizar que los productos o servicios promocionados cumplen con las expectativas generadas en la publicidad y comunicaciones, reduciendo así la posibilidad de prácticas engañosas (ISO, 2015).

9.3.3. Global Reporting Initiative (GRI)

El GRI proporciona estándares para la elaboración de informes de sostenibilidad. A través de sus indicadores, se puede reportar el desempeño ético y social de las acciones de marketing, como la publicidad responsable, los impactos sociales de las campañas y el cumplimiento normativo (Global Reporting Initiative, 2021). Esta transparencia fortalece la confianza de los *stakeholders* y promueve la rendición de cuentas.

9.3.4. B Corp Certification

La certificación B Corp acredita a empresas que cumplen con altos estándares de desempeño social, ambiental, transparencia y responsabilidad. Para el área de marketing, ser una B Corp implica que todas las campañas deben reflejar coherencia con los valores de impacto positivo de la organización y evitar prácticas manipulativas o insostenibles (B Lab, 2023).

Las certificaciones y estándares internacionales actúan como herramientas que estructuran, guían y legitiman el compromiso ético de una empresa. Su integración en el marketing no solo mejora la reputación y confianza del consumidor, sino que también permite evaluar el impacto de forma objetiva y comparativa en un marco global.

9.4. Métricas para evaluar la ética en el marketing

En un entorno empresarial cada vez más orientado hacia la transparencia, la ética en el marketing se ha convertido en un aspecto clave para construir relaciones duraderas y auténticas con los consumidores. Sin embargo, es necesario medirla y gestionarla de forma sistemática. En este contexto, el desarrollo y uso de métricas específicas para evaluar la ética en el marketing es clave. Al proporcionar indicadores claros y objetivos, las métricas éticas facilitan la toma de decisiones, mejoran la coherencia con los valores corporativos y fortalecen la reputación empresarial. Así, medir la ética en el marketing no es solo una cuestión técnica, sino un paso estratégico hacia una gestión más íntegra, sostenible y centrada en el bien común.

Evaluar la ética en el marketing requiere herramientas objetivas y sistemáticas que permitan medir la coherencia entre los valores corporativos, las estrategias implementadas y los resultados obtenidos. Las métricas éticas no solo sirven para diagnosticar el desempeño actual, sino también para identificar áreas de mejora y construir una cultura organizacional más transparente y responsable (Kotler & Keller, 2021) y pueden ser incorporadas en los planes de marketing operativos y estratégicos.

A continuación, en la Tabla 9.2 se presentan las principales acciones que pueden incorporarse en los planes de marketing y las métricas asociadas a las acciones.

Tabla 9.2. Resumen de acciones y métricas en el plan de marketing

Acciones éticas	Métricas
Transparencia comunicativa	% de mensajes con respaldo verificable
	Número de declaraciones corregidas
	Participación en códigos autorregulados
Cumplimiento normativo	N.º de sanciones por publicidad engañosa
	Auditorías de cumplimiento
	N.º de quejas formales ante autoridades
Percepción de los consumidores	Nivel de confianza percibido
	Grado de identificación con valores
	Percepción de autenticidad en mensajes RSC
Auditorías internas de sostenibilidad y RSC	Existencia de comités éticos
	Frecuencia de evaluaciones éticas
	Publicación de informes de sostenibilidad
Impacto social y ambiental	Inversión en campañas con causa
	N.º de beneficiarios directos
	Reducción de huella ecológica del marketing
Índice de ética organizacional (IEO)	Medición de liderazgo ético
	Encuestas de cultura ética interna
	Formación ética del personal de marketing

Fuente: Elaboración propia.

Microejercicio. Marketing responsable

Objetivo

El estudiante debe identificar y aplicar los principios de marketing responsable al diseñar estrategias de promoción.

Para ello, debe seguir los siguientes pasos:

1. Elige un producto o servicio.

2. Identifica posibles riesgos éticos o ambientales que puede tener su comercialización respondiendo a las preguntas siguientes:

   • ¿Este producto genera residuos o contaminación?
   • ¿Promueve estereotipos negativos?
   • ¿Su publicidad puede inducir al consumo excesivo?

3. Propón tres acciones de marketing responsable para ese producto. Redacta un eslogan responsable para este producto, que sea atractivo y coherente con las acciones responsables planteadas.

Responde a la siguiente reflexión: ¿cómo pueden fortalecer estas acciones la imagen de la marca y generar confianza con el cliente?

Índice de Figuras y Tablas

Índice de Figuras

Índice de Tablas

Bibliografía

AAKER, D. A. (2009). *Managing brand equity*. Simon and Schuster.

AMIT, R. y ZOTT, C. (2001). Value creation in e-business. *Strategic management journal*, 22(6-7), 493-520.

ANDERSON, J. L., RECKHENRICH, J. y KUPP, M. (2013). La estrategia Gaga: «pequeños monstruos», grandes recompensas. *Harvard Deusto Márketing y Ventas* (116), 38-45.

APARICIO, G. y ZORRILLA, P. (2018). *Distribución comercial en la era omnicanal*. Pirámide.

ARRANZ, N., FÉRNANDEZ, J. C., PÉREZ, C. (2010). *Introducción estratégica y organización*. ESIC Editorial.

ARTAL, M. (2017). *Dirección de ventas, 15.ª edición*. ESIC Editorial.

B LAB (2023). B Impact Assessment. https://bcorporation.net/

BOARD OF TRUSTEES OF THE LELAND STANFORD JUNIOR UNIVERSITY (2019). The impact BMC. *Stanford.edu*. Disponible en https://stanford.edu/dept/gsb-ds/Inkling/The_Impact_BMC/index.html

BUSINESS MODELS INC. (2022). Netflix: How a DVD rental company changed the way we spend our free time. *Businessmodelsinc.com*. Disponible en: https://www.businessmodelsinc.com/exponential-business-model/netflix/

CAMINO, J. y LÓPEZ-RÚA, M. (2012). *Dirección de marketing. Fundamentos y aplicaciones*. ESIC Editorial.

CASTILLO, H. y MEJÍA, M. G. (2019). Cómo estimular la mente del consumidor con el neuromárketing: tres poderosas estrategias y seis casos de éxito. *Harvard Deusto Márketing y Ventas* (154), 6-17.

COCA CARASILA, M. (2006). El concepto de marketing: pasado y presente. Perspectivas, 9(18), 41-72. Disponible en: https://www.redalyc.org/articulo.oa?id=425942516002

CONTRERAS, P. J. (2019). ¿Tiene sentido añadir más «p» al modelo clásico del «marketing mix»?: La variable «Planet». *Harvard Deusto Márketing y Ventas* (156), 34-43.

COTO, M. A. (2008). *Plan de marketing digital*. Pearson Educación.

DE PABLOS HEREDERO, C., LÓPEZ-HERMOSO, J. J., MARTÍN-ROMO, S. y SALGADO, S. M. (2019). *Organización y transformación de los sistemas de información en la empresa*. ESIC Editorial.

DELOITTE (2019). Measuring and managing marketing effectiveness. *Deloitte.com*. Disponible en https://www.deloitte.com/ge/en/services/consulting/perspectives/measuring-marketing-effectiveness-mroi.html

DESIGN THINKING ESPAÑA (2024). Lienzo de propuesta de valor. *Design Thinking España.* Disponible en https://xn--designthinkingespaa-d4b.com/lienzo-de-propuesta-de-valor

DÍAZ, P. M. (2019). *Las 4 S del marketing sensorial.* Lid Editorial Mexicana SA de CV.

DRUCKER, P. (2012). *The practice of management.* Routledge.

ESTEBAN, Á. (2008). *Principios de marketing.* ESIC Editorial.

FERRER, G. G. (2012). *Investigación comercial, 3.ª edición.* ESIC Editorial.

FREEMAN, R. E. (1984). *Strategic management: a stakeholder approach.* Pitman Press.

GARCÍA DEL PUEYO, J. L. y GÓMEZ, C. (2017). El toro de Osborne: un icono renombrado. *Harvard Deusto Business Review* (263), 70-81.

GLOBAL REPORTING INITIATIVE (2021). *GRI Standards.* https://www.globalreporting.org

INTERNATIONAL ORGANIZATION FOR STANDARDIZATION (2010). *ISO 26000: Guidance on social responsibility.* ISO. https://www.iso.org/iso-26000-social-responsibility.html

–   (2015). *ISO 14001: Environmental management systems.* ISO. https://www.iso.org/iso-14001-environmental-management.html

–   (2015). *ISO 9001: Quality management systems.* ISO. https://www.iso.org/iso-9001-quality-management.html

KOTLER, P. y ARMSTRONG, G. (2018). *Marketing* (16.ª ed.). Pearson Educación.

KOTLER, P. y KELLER, K. L. (2006). *Dirección de marketing.* Pearson Educación.

–   (2021). *Marketing management* (16th ed.). Pearson.

KOTLER, P., ARMSTRONG, G., GAY, M. G. M. y CANTÚ, R. G. C. (2017). *Fundamentos de marketing.* Pearson.

KOTLER, P., KARTAJAYA, H. y SETIAWAN, I. (2021). *Marketing 5.0: Tecnología para la humanidad.* LID Editorial.

LLANO, M. A. y OLAVARRÍA, B. (2018). La desventaja competitiva: la clave de la viabilidad empresaria. *Harvard Deusto Business Review* (276), 30-36.

MALHOTRA, N., NUNAN, D. y BIRKS, D. (2017). *Marketing research: An applied approach.* Pearson.

MAROTO, J. C. (2007). *Estrategia. De la visión a la acción.* ESIC Editorial.

MARTÍNEZ RODRÍGUEZ, P. (2021). *Neuroinsights. La neurociencia, el consumidor y las marcas.* ESIC Editorial.

MAUBORGNE, R. A. y KIM, W. C. (2005). La estrategia del océano azul. *Harvard Deusto Business Review* (131), 22-31.

MERINO, J. S. (2001). *La investigación de mercados en la empresa.* Madrid, España: Universidad Complutense.

MERINO, M. J. y YAGÜEZ, E. (Eds.). (2012). *Nuevas tendencias en investigación y marketing.* ESIC Editorial.

MICHAUX, S. y CADIAT, A. C. (2016). *Las cinco fuerzas de Porter: Cómo distanciarse de la competencia con éxito.* 50Minutos.es.

MORO, M. S. y FERNÁNDEZ, J. C. (2020). *Marketing digital y dirección de ecommerce: Integración de las estrategias digitales.* ESIC Editorial.

OSTERWALDER, A. y PIGNEUR, Y. (2010). *Business model generation: a handbook for visionaries, game changers, and challengers* (Vol. 1). John Wiley & Sons.

PEINADOR, J. y LLOREDA, E. Z. (2009). *Plan de marketing: herramienta clave de gestión.* ESIC Editorial.

PORTER, M. (1986). Diamante de Michael Porter. *Diamante de Michael Porter*, 1-12.

- – (2008). Las cinco fuerzas competitivas que le dan forma a la estrategia. *Harvard Business Review*, *86*(1), 58-77.
- PORTER, M. E. (2001). The value chain and competitive advantage. *Understanding business processes*, 2, 50-66.
- REINARES, P. (2017). Los cien errores del CRM: Mitos, mentiras y verdades del marketing de relaciones. ESIC Editorial.
- RINCÓN, R. A. (2017). Gestión del conocimiento y aprendizaje organizacional: una visión integral. *Informes psicológicos*, *17*(1), 53-70.
- RIVAS, J. A. y ESTEBAN, I. G. (2010). *Comportamiento del consumidor. Decisiones y estrategia de marketing*. ESIC Editorial.
- RODRÍGUEZ, I. M. A. y GÓMEZ, C. G. (2015). La información como recurso estratégico en las empresas de base tecnológica. *Revista General de Información y Documentación*, *25*(2), 265.
- SALCEDO, A. y CHARLÁN, J. (2016). *Modelos de venta B2B, II. Venta adaptativa, venta consultiva y venta transformacional*. ESIC Editorial.
- SALESFORCE (2022). Captación de clientes: ¿Qué es y cómo realizarla? *Salesforce.com*. Disponible en https://www.salesforce.com/mx/blog/captacion-de-clientes/
- SAN MIGUEL, P. (2020). *Influencer marketing: Conecta tu marca con tu público*. LID Editorial.
- SÁNCHEZ, J. M., ZUNZARREN, H. y GOROSPE, B. (2013). *¿Cómo se gestiona una marca país?: con un centro de inteligencia*. ESIC Editorial.
- SÁNCHEZ, M. D. G. (2008). *Manual de marketing*. ESIC Editorial.
- SCHIFFMAN, L. G. y KANUK, L. L. (2005). *Comportamiento del consumidor*. Pearson educación.
- SOMALO, I. (2017). *El comercio electrónico: Una guía completa para gestionar la venta online*. ESIC Editorial.
- SUÁREZ-COUSILLAS, T. (2018). Evolución del marketing 1.0 al 4.0. *Redmarka. Revista de Marketing Aplicado*, *01*(022), 209-227. https://doi.org/10.17979/redma.2018.01.022.4943
- SUTIL, L. (2013). *Neurociencia, empresa y marketing*. ESIC Editorial.
- T. V. B. y M. F. D. (2005). Auge y declive del marketing mix. *ESIC Market*, *36*(121). Recuperado a partir de https://revistasinvestigacion.esic.edu/esicmarket/index.php/esicm/article/view/45
- TEMIÑO, I. (2013). *Dirección y organización comercial y de ventas*. ESIC Editorial.
- TREVINO, L. K. y NELSON, K. A. (2021). *Managing business ethics: Straight talk about how to do it right* (8th ed.). Wiley.
- UNITED NATIONS GLOBAL COMPACT (2022). *The Ten Principles of the UN Global Compact*. https://www.unglobalcompact.org/what-is-gc/mission/principles
- VICUÑA ANCÍN, J. M. S. (2024). *El plan de marketing en la práctica, 25.ª edición*. ESIC Editorial.
- VILLAESCUSA, D. (2014). *Innovación y marketing de servicios en la era digital*. ESIC Editorial.
- VILLAVERDE, S., MONFORT, A. y MERINO, M. J. (2020). *Investigación de mercados en entornos digitales y convencionales: Una visión integradora*. ESIC Editorial.